CATALOGUE

DE LA COLLECTION

DE DESSINS

ANCIENS

ET DE TOUTES LES ÉCOLES,

Formée depuis 1808 par M. BARNI, italien.

La Vente aura lieu le Lundi 5 Décembre 1836 et jours
suivants,

PLACE DE LA BOURSE,

HOTEL DES VENTES,

A SEPT HEURES PRÉCISES DU SOIR.

L'EXPOSITION SERA PUBLIQUE LE DIMANCHE 4 DÉCEMBRE,
DEPUIS ONZE HEURES JUSQU'A QUATRE, ET CHAQUE
MATINÉE DES JOURS DE VENTE.

LE CATALOGUE, RÉDIGÉ PAR CH. PAILLET, COMMIS-
SAIRE-EXPERT HONORAIRE DU MUSÉE ROYAL,

SE DISTRIBUE :

CHEZ MM.

BONNEFONDS DE LAVIALLE, Commissaire-Priseur,
rue de Choiseul, n. 11, à Paris;
TOURNAIRE, idem, rue de Choiseul, n. 11;
CH. PAILLET, rue Grange-Batelière, n. 24, à Paris;
WOODBURN, à Londres;
BRONDGHEST, à Amsterdam;
HÉRIS, à Bruxelles.

1836.

PARIS. — IMPRIMERIE DE DÉZAUCHE,
Faubourg Montmartre, n° 11.

SIMPLE PRÉLIMINAIRE.

Le premier feu, la première pensée d'un peintre se traduit par un dessin ; c'est par cette fusion du génie que l'artiste prouve l'esprit, le style, la noblesse et l'élévation de ses sentiments dans les arts.

La plus grande partie des amateurs qui ont laissé survivre leur nom dans le domaine de la célébrité ont presque tous commencé par former des collections de dessins; Mariette, Paignon-Dijouval, Crozat, Rohan de Chabot, le duc de Dalberg, Delagoix et le baron Denon, ont, avant d'arriver au complément d'un cabinet, recherché avec soin cette partie primitive des arts qui n'est pas la plus fastueuse, qui ne participe ni du luxe ni de l'éclat brillant des couleurs, mais qui prépare le jugement et l'esprit, et le dirige insensiblement vers le bon goût dans les arts.

On n'arrive pas facilement à la connaissance des dessins, il faut une étude constante des anciens maîtres, des comparaisons fréquentes de leurs ouvrages, un discernement juste, un tact prompt. Quelque puissante que soit la force de l'amateur ou du commerçant expérimenté dans cette partie si vaste de la peinture,

il arrive des cas où cette science devient con-
jecturale, comme dans celle qui s'applique à l'é-
tude des tableaux; le doute vient souvent em-
barasser celui qui est appelé à donner son avis.
En cela, je dois le dire, les amateurs de dessins
et connaisseurs ont entre eux une propension
docile à s'accorder des concessions dans les di-
vergences d'opinion; ils étaient leur jugement
du jugement des autres, se consultent et se
communiquent volontiers et amicalement; l'a-
mour-propre cède tout à la vérité, et l'on voit
rarement un amateur de dessins se permettre
une décision sans appel, elle est presque tou-
jours appuyée de la sentence latine « *errare
humanum est.* » M. Barni, italien, le possesseur
de cette collection, faite pour intéresser par le
choix et la variété, et dans laquelle se trouvent
réunies toutes les écoles, avait primitivement
commencé à rassembler des eaux fortes de maîtres, mais trouvant cette partie étroite pour
l'extension qu'il voulait donner à la connaissance de tous les grands maîtres, il a tourné ses
vues sur les dessins. M. Barni ne se dissimule pas
que dans le nombre, quelques-uns n'ont qu'un
mérite relatif, mais en général et à l'égard
des dessins les plus importants il ne les a pas
qualifiés d'après son propre sentiment, beau-
coup ont été soumis à une rigide censure, et

quand une œuvre lui paraissait douteuse , il la soumettait à un examen , lui faisait subir une épreuve , et selon la décision du jury qu'il s'était formé , il lui donnait sa véritable attribution ; c'est ainsi qu'il est parvenu à réformer comme dans la culture des jardins , ces individus qui ne portent ni fleurs ni ombrage : peu à peu et par ses améliorations progressives il a châtié sa collection.

On nous demandera peut-être par quelle raison M. Barni se défait d'un ensemble auquel il a consacré vingt-quatre années pour le compléter. Il ne défend point d'en expliquer le motif. Parvenu à un âge où le repos devient une jouissance , il trouvera dans la valeur de ses dessins un adoucissement à la retraite qu'il va prendre après avoir exercé pendant nombre d'années la profession d'artiste musicien et compositeur. Les enfants d'Apollon ne thésaurisent guère , heureux quand ils peuvent amasser ; puisse l'exemple de M. Barni rencontrer des imitateurs qui se pénètreront sans peine que le goût des collections force à des économies que plus tard on retrouve , et dont le produit , en améliorant la position d'un artiste , ajoute un titre de plus à sa réputation !

CATALOGUE
DE DESSINS
ANCIENS
ET DE TOUTES LES ÉCOLES.

1. — BUONAROTI (Michel-Ange). Grande et capitale étude du sujet de la guerre de Pise; dessin à la plume et d'une très-large exécution.

2. — TITIEN. L'élection de saint Mathieu par Jésus-Christ; très-joli dessin à la plume.

3. — RAPHAEL (d'Urbin). Étude à la sanguine de l'ange de la Sibille.

4. — PARMESAN. Génie de la Victoire tenant un étendard; dessin à la plume, au bistre et rehaussé de blanc.

5. — LEYDEN (Lucas de). Saint Dominique délivrant un possédé; dessin capital et à la plume de sa dernière manière.

6. — VANDYCK (Antoine). Jésus guérissant le paralytique; très-beau dessin à la pierre noire et ombré.

7. — ROSSO. La communion des apôtres; dessin très-terminé et capital, et de la plus belle plume de l'auteur; lavé et rehaussé de blanc.

8. — TINTORET. Le miracle de la piscine; dessin rare et très-arrêté, à la plume et lavé.

9. — NOVELLARA (Lelio Orsi di). Grande frise d'ornements et de figures; dessin à la plume et lavé au bistre.

10. — GHIRLANDAJO. La Vierge et l'Enfant-Jésus adorés par des saints; dessin capital à la plume et lavé au bistre, et rehaussé de blanc.

11. — SAMACHINI, élève de Pellegrini Tibaldi. Le portement de croix; grande composition, dessin à la plume, lavé et rehaussé de blanc.

12. — VANIUS (Francesco). La Vierge, dans une gloire, présente l'Enfant-Jésus à plusieurs saints et saintes qui sont dans le bas de la composition; dessin capital à la plume, au bistre et rehaussé de blanc. (Cabinet Denon.)

13. — VANNI (Francesco). Une sainte délivrant une femme possédée; précieux dessin à la sanguine.

14. — FRANCO (Baptista). Le festin des dieux d'après Raphaël, et l'histoire de Méléagre d'après l'antique, et au revers autre composition; dessin d'une plume très-fine. (Cabinet Crozat.)

15. — GAROFOLO (Benevenuto Tisio da). L'Enfant-Jésus et la Vierge sur son trône; saint Joseph est près d'eux, des anges entourent le pied du trône et exécutent un concert; beau et rare dessin à la plume, au bistre et rehaussé de blanc. (Cabinet Denon.)

16. — VAGA (Perino del). Jacob demandant Rachel en mariage; dessin capital à la plume, lavé et rehaussé de blanc.

17. — BUONAROTI (Michel-Ange). Tête de satyre riant; beau dessin à la pierre noire.

18. — MATURINO. Grande composition de l'his-

toire romaine ; magnifique dessin à la plume , lavé et rehaussé de blanc.

19. — REMBRANDT. Croquis de la femme adultère ; Jésus allant à Emmaüs avec les deux disciples ; dessin à la plume et lavé. L'enfant prodigue devant son père ; autre dessin à la plume et lavé.

20. — P. P. RUBENS. Quatre belles têtes ; études à la pierre noire.

21. — CALLOT. Intérieur d'un hôpital ; précieux dessin à la plume et lavé.

22. — GIEROLAMO MAZZUOLA. L'adoration des mages ; dessin capital et à la plume. (Vente Denon.)

23. — FRANCESCO MAZZUOLA, dit le Parmesan. Un ange présente l'encens à un évêque ; très-joli dessin à la plume et rehaussé de blanc. (Cabinet Crozat.)

24. — CARRACHE (Louis). Saint Benoît chassant le démon ; dessin capital, à la plume et au bistre, rehaussé de blanc.

25. — POUSSIN (Nicolas). Fort beau dessin à la plume et lavé ; il représente Achille à la cour de Lycomède.

26. — LIGOZZI. Trait de la vie d'Alexandre-le-Grand ; précieux petit dessin en grisaille et rehaussé d'or.

27. — ROMAIN (Jules.). Chute d'un cavalier ; dessin gouaché de blanc.

28. — CARRACHE (Louis). La Vierge, accompagnée des anges, visite sainte Catherine dans sa prison ; dessin à la plume , lavé et rehaussé de blanc. Le tableau est à Bologne.

29. — CARRAVAGE (Polydore de). Voyageurs allant visiter Niobé ; dessin à la plume et lavé au bistre.

3o. — PERRUZI (Balthazar de Sienne). Composition de frise à la plume et au bistre.

31. — RIBERA dit l'ESPAGNOLET. Trois dessins : le martyre de saint Barthélemi ; dessin daté de 1646, à la plume et lavé ; et deux figures de saint Jérôme.

32. — PERINO DEL VAGA. Andromède délivrée ; dessin au lavis et retouché au blanc sur papier bleu. (Cabinet Denon.)

33. — ROSSO. La prédication de saint Jean-Baptiste ; dessin d'une riche composition, à la plume et lavé.

34. — BUONAROTI (Michel-Ange). Portrait à la pierre noire du cardinal placé dans le tableau du jugement dernier. Fait historique.

35. — GEORGION. La multiplication des pains ; dessin à la plume et au bistre, grande composition gravée par Cavaleri.

36. — BOURGUIGNON. Bataille ; dessin capital à la plume et lavé.

37. — PONTORME. Hommage de plusieurs saints à la Vierge ; fort beau dessin à la plume et lavé.

38. — SALVIATI (Joseph), de Venise. Le centenier devant Jésus-Christ ; rare dessin à la plume.

39. — LIGOZZI. Le serpent d'airain ; dessin capital à la plume, rehaussé de blanc et sur papier teinté.

4o. — PALME (Le Vieux). Le martyre de saint Laurent ; dessin capital et nombreux en figures, à la plume et rehaussé de blanc.

41. — GAROFOLO. La Vierge et l'Enfant-Jésus placés entre deux saints ; belle composition à la plume, lavée et rehaussée de blanc ; dessin très-terminé.

42. — SCHIAVONE. L'adoration des bergers ; des-

sin à la plume et lavé ; riche composition dans le goût du Parmesan.

43. — CARAVAGE (Polydore de). Façade de maison ornée de frise, bataille et sujets d'histoire ; dessiné à la plume et lavé au bistre.

44. — DURER (Albert). L'annonciation ; dessin à la plume, colorié et l'un des plus beaux de ce maître.

45. — CAMPI (Bernardino). Saint Antoine visite saint Jérôme ; dessin à la plume, et bistré et rehaussé de blanc.

46. — VASARI. Les noces de Cana ; grand dessin à la plume et belle composition.

47. — REMBRANDT. L'ange apparaissant au prophète Élie ; dessin bistré, à grand effet.

48. — ZUCCHERO (Tadeo). Jésus prêchant dans le temple ; dessin capital, de la plus belle manière, à la plume et lavé à l'encre de Chine. (Cabinet de l'abbé de Tersan.)

49. — MUTIAN (Jérôme). Apparition du Sauveur devant une reine charitable ; dessin à la plume et lavé, et d'un grand intérêt.

50. — GUERCHIN. Paysage ; dessin à la plume et d'un bel effet.

51. — VASARI (G.). Un dessin très-riche pour un fond d'autel offrant trois sujets, savoir : la cène, une communion, la manne dans le désert. Ce dessin est à la plume et au lavis. (Cabinet Denon.)

52. — CARRACHE (Annibal). Deux paysages à la plume.

53. — PIOMBO (Sébastien del). La visitation ; beau dessin et rare, à la plume et bistré.

54. — SODOMA. L'annonciation ; vigoureux et rare dessin à la plume et lavé, rehaussé de blanc.

55. — BANDINELLI (Baccio). Deux femmes ; dessin à la plume.

56. — LE MÊME. Sujet allégorique à la plume.

57. — MANTEIGNE (Andréa). Hercule et Acheloüs ; dessin fort rare, à la plume.

58. — NOVELLARA (Lélio-Orsi da). Un dessin renfermant quatre compositions : Apollon et les muses, chute d'un cavalier sur Pégase, Persée ayant coupé la tête de Méduse, et cheval tirant une meule ; dessin rare et très-fini, à la plume.

59. — LOMBARD (Lambert, dit le Suavius). Le martyre de saint Jacques ; fort beau dessin à la plume.

60. — ZUCCHERO (Frédéric). L'*Ecce homo* ; composition nombreuse en figures, à la plume et au bistre.

61. — FRANCO (Batista). Le reniement de saint Pierre ; dessin à la plume et légèrement lavé.

62. — PRIMATICE. Repos de Diane avec ses nymphes ; dessin très-capital, à la plume, lavé et rehaussé de blanc.

63. — COLLE (Raphaellino del). La Vierge, l'Enfant-Jésus et saint Jean ; le Christ indique à saint Jean qu'il a été prédit par le prophète Isaïe ; dessin à la plume, lavé, et un des plus beaux de l'école de Raphaël.

64. — FERARIO (Gandeuzio). L'adoration des bergers ; dessin à la plume, lavé au bistre ; un des plus beaux dessins de ce maître, qui a peint, avec Raphaël, dans le palais Borgia.

65. — VINCI (Léonard de). Étude de têtes et croquis de figures ; un des plus finis et des plus précieux dessins de ce maître. (Cabinet Mariette.)

66. — GEMINIANO (Vincenzo di san). La reine de Sabat devant Salomon ; très-rare dessin à la plume.

67. — MAZZUOLA, dit le PARMESAN (Francesco). Un dieu marin avec deux enfants et un paon ; dessin à la plume et lavé au bistre, et rehaussé de blanc : fort beau morceau.

68. — SARTE (Andrea del). Réunion de quelques figures ; dessin à la plume.

68 (*bis*). — BECCAFUMO (Micarino). Prophète et saint Jérôme ; dessin lavé et de la plus belle plume.

69.—VOLTÈRE (Daniel de). Étude de nu ; dessin à la sanguine, et deux têtes dont une à la mine de plomb.

70. — FIGINO (Ambrogio). Une feuille comportant des groupes de sainteté et de compositions ; dessin de la plume la plus fine et la plus délicate et d'une grande rareté. (Cabinet Denon.)

71. — PRIMATICE. La Force, caractérisée par des lions, dessin à la plume légèrement lavé ; et l'adoration des mages , autre dessin à la plume et bistré.

72. — RUBENS (P. P.). L'ivresse de Silène ; beau dessin à la plume et au lavis, morceau précieux.

73. — GUERCHIN. Saint Mathieu et l'ange ; beau dessin à la plume.

74. — CORRÈGE. Repos de la Sainte-Famille en Egypte ; beau dessin à la sanguine.

75. — ROMAIN (Jules). Persée ayant coupé la tête à Méduse ; dessin à la plume et lavé au bistre.

76. — VITE (Timoteo della). La Vierge, l'Enfant-Jésus, saint Michel et saint Jean l'évangéliste ; beau dessin rare, à la pierre noire et lavé au bistre.

77. — LE LORRAIN (Claude). Paysage et figure ; dessin à effet à la plume et au bistre.

78. — RAPHAEL (d'Urbin). Une étude de saint Jean-Baptiste petit et grand ; la Vierge et l'Enfant-Jésus, dessin à la plume de la troisième manière de Raphaël ; et au revers une étude de paysan conduisant une charue attelée de bœufs.

79. — GUERCHIN. L'Amour retenant le dieu Mars ; fort beau dessin à la plume.

80. — CORRÈGE (Antoine). Tête d'ange ; au crayon rouge et rehaussé de blanc. (Collection de Mariette.)

81. — CARAVAGE (Polidore de). Beau et capital dessin indiquant un portique d'architecture, soutenu par des figures caryathides ; dessin à la plume et bistré.

82. — ROMAIN (Jules). Scipion, après la prise de Carthage, donne un repas à ses généraux ; dessin très-capital à la plume et lavé au bistre, et composé de cent figures.

83. — ROTHNAMER, La résurrection ; petit dessin colorié et provenant du cabinet de M. Mauméjan.

84. — VINCI (Léonard de). Un lion dans l'attitude de la fureur ; précieux dessin à la sanguine.

85. — ZUCCEHERO (François). La cène ; dessin de forme en longueur, et un des bons ouvrages de ce maître.

86. — BATISTA FRANCO. L'histoire de Méléagre, et études de figures ; dessin de la belle manière, à la plume et provenant du cabinet de M. Mauméjan.

87. — PERINO DELVAGA. Le triomphe de David ; dessin capital à la plume.

88. —. MATURINO. Une bataille ; dessin à la plume et rehaussé de blanc sur papier teinté ; morceau d'une grande énergie d'exécution. (Cabinet Crozat.)

89. — RAPHAEL D'URBIN. Figure d'étude expri-

mant la frayeur ; dessin à la plume, troisième manière
de Raphael ; un autre dessin, étude de draperie, au
crayon rouge.

90. — TITIEN. Paysage mêlé de montagnes et fabriques ; dessin à la plume et orné de figures.

91. — DOMINIQUIN. Sainte Catherine, figure en
pied ; dessin à la plume au lavis et rehaussé de blanc.
Il porte la date de 1604.

92. — PERRUZZI (Balthazar). L'adoration des mages ; précieux et capital dessin d'une plume très-fine. Il
est au lavis et rehaussé de blanc.

93. — GOZZOLI BENOZZO. Deux beaux dessins
rares et curieux ; composition de l'histoire florentine.

94. — DE VOLTERRE (Daniel). La déposition de
croix ; composition de huit figures, dessin au bistre et
rehaussé de blanc. C'est la première pensée du fameux
tableau de la trinité du mont.

95. — PIOMBO (Sébastien del). Etude de la tête de
sainte Elisabeth ; rare et beau dessin ; tête d'étude de
sainte Elisabeth, coloriée à la vigueur du pinceau.

96. — PERRUZI (Balthazar). La descente de croix ;
composition très-capitale, à la plume, au lavis et rehaussée de blanc.

97. — ROUX (Maître). Betzabé se disposant à entrer
au bain ; elle est accompagnée de ses femmes ; plus loin
la bataille où se trouve Uri ; capital dessin à la plume
et au lavis.

98. — FRA BARTHOLOMÉE. Saint Augustin ac-
compagné d'anges ; dessin capital à la plume, sur fond
bistré et rehaussé de blanc.

99. — ROBUSTI (Jacopo dit le Tintoret). Jésus au
jardin des Oliviers ; dessin à la plume, rehaussé de

blanc et d'un grand effet, provenant du cabinet Crozat.

100. — TINTORET. Apparition d'un ange à une sainte ; dessin à la plume , au bistre et d'une très-belle manière.

101. — ROUX (Maître). Deux dessins dont un sujet d'une sainte en prière ; dessin à la plume, lavé et de grand effet.

102. — DE LEYDEN (Lucas). Réunion de différents martyrs ; riche dessin à la plume.

103. — TINTORET. Le martyre de deux saints ; composition de plusieurs figures , à la plume et à l'encre de Chine.

104. — POUSSIN (Nicolas). Le jugement de Pâris ; composition de sept figures, à la plume , lavée à l'encre de Chine et indiquant une de ses belles époques.

105. — LE LORRAIN (Claude). Étude de rocher d'après nature pour la composition d'un paysage ; morceau terminé et d'une belle couleur de bistre.

106. — PROCACCINI (Camille). L'adoration des bergers ; précieux dessin à la plume et au bistre , rehaussé de blanc et sur papier teinté , aussi dans un bel état de conservation.

107. — POUSSIN (N.). Le martyre de sainte Agnès ; capitale composition d'après le Dominiquin , à la plume et lavée au bistre.

108. — BOLOGNÈSE (Francisque). Grand et beau paysage orné de figures ; dessin à la plume.

109. — OTTO-VANIUS. Concours de fidèles au tombeau d'une sainte ; dessin énergique à la plume et au pinceau.

110. — CANDGIAGE. Les funérailles de la Vierge ; dessin arrêté à la plume et lavé au bistre.

111. — DIETRICY (Ernest). Un des fils de Jacob envoyé par Joseph ; grisaille peinte.

112. — CARRACHE (Annibal). Fort beau paysage à la plume, lavé légèrement, colorié et rehaussé de blanc ; il est orné de figures.

113. — THIARINI (Alexandro). Le Christ en croix : il est adoré de saints et saintes ; dessin capital et fini, à la plume, lavé, rehaussé de blanc et sur papier teinté.

114. — PRETE-CALABRÈSE. L'adoration des mages ; grande et belle composition à la plume et lavée à l'encre de Chine.

115. — TINTORET. La partie supérieure du jugement dernier ; vaste composition à la plume, lavée au bistre et rehaussée de blanc.

116. — BOURDON (Sébastien). Une des œuvres de miséricorde, dessin arrêté à l'encre de Chine, lavé au bistre.

117. — SAINT - MARC (Fra Bartholoméo - de). Saint Grégoire le grand lisant un livre que tient un ange, deux autres anges l'assistent ; dessin capital, à la plume, lavé au bistre et rehaussé de blanc.

117 *bis*. — LE ROSSO (Maître Roux dit). La danse des nymphes ; dessin à la plume et lavé à l'encre de Chine : morceau capital.

118. — TITIEN. Riche paysage et figures ; dessin à la plume. (Il provient de la collection Mariette.)

119. — PIOMBO (Seb. del). Saint Paul dans l'île de Malte après le naufrage ; croquis à la plume. — Micarino Beccafumo. Saint Jean et saint Luc écrivant les évangiles ; dessin à la plume d'une belle manière.

120. — VINCI (Leonardo da). Portrait de femme

au crayon noir ; dessin très-fini , plus une tête légèrement indiquée.

121. — PARMESAN. Mariage de sainte Catherine ; dessin à la plume , et trois têtes aussi à la plume et lavis.

122. — ROMAIN (Jules). Esclaves , figures de frise ; dessin à la plume très-fini et lavé.

123. — GIORGION. La femme adultère ; dessin rare à la plume , légèrement lavé et sur papier teinté.

124. — CORRÈGE. Tète de Jésus-Christ et quatre têtes d'anges ; dessins au crayon rouge et deux aux trois crayons.

125. — VINCI (Léonard da). Têtes d'expression de satyre et d'homme ; deux dessins à la plume et de sa belle manière.

126. — CELLINI (Benevenuto). Jupiter écoutant Mercure sur la guerre des géants ; dessin à la plume, capital et rare sous le rapport de la composition.

127. — FIGINO (Ambrogio). Compositions et figures d'étude ; précieux dessin à la plume.

128. — PAMPHILO (Carlo-Francesco). La sainte Vierge , saint Philippe et l'ange ; dessin fait en grisaille.

129. — CARRAVAGE (Polidore de). Départ d'une colonie; dessin à la plume et au bistre.

130. — LIGOZZI. Trois figures; précieux et petit dessin à la plume et rehaussé d'or, lavé au bistre.

131. — ROMAIN (Jules). Le sacrifice du pain et du vin par un grand-prêtre; figures du Saint-Sacrement; dessin à la plume et lavé , et très-capital.

132. — LE LORRAIN (Claude). Grande étude d'arbres; dessin fini au bistre.

133. — CARRACHE (Annibal). Composition de quatre figures ; à la plume, largement exécuté.

134. — POUSSIN (Nicolas). Médée et Jason, composition à la plume, au bistre et rehaussée de blanc, dessin capital.

135. — PRIMATICE. Un des travaux d'Ulysse ; une des compositions de la galerie de Fontainebleau, dont le sujet est gravé par Dominico del Barbiere ; dessin capital.

136. — BRÉBIET. La marche de Silène et le déluge ; deux dessins à la plume et lavés.

137. — CIGOLI (L.). Sainte Catherine disputant avec les philosophes devant l'empereur Maximin ; dessin arrêté à la plume et lavé à l'indigo. (Cabinet Denon.)

138. — ROSSO (Maître Roux, il). Trois jolis dessins dont celui du milieu est un sacrifice à la nature ; il est à la plume et lavé au bistre.

139. — SABATTINI (Lorenzo). L'Esprit-Saint descendant sur les apôtres ; grande composition à la plume et lavée au bistre. (Cabinet Lebrun et Lagoix.)

140. — RAPHAEL (De son école). Saint Jacques et saint Jean-Baptiste accompagnant la Vierge et l'Enfant-Jésus adorés par des anges et placés sous un grand portique d'architecture.

141. — BRAMANTINO. Sujet allégorique ; dessin rare de ce maître, à la plume et légèrement lavé.

142. — POUSSIN. Sacrifice d'après un bas-relief antique ; dessin de la plus belle manière, à la plume et lavé au bistre.

143. — MAESTRO ROSSO (dit le Maître Roux). L'assemblée des déesses et composition religieuse, Jésus-Christ couronné, la Vierge et saint Jean-Baptiste qui

prient pour l'apaiser ; deux dessins à la plume et lavés, un est rehaussé de blanc.

144. — POUSSIN (Nicolas). Quatre dessins : une présentation au temple ; un trophée ; un vase et une étude de pieds antiques ; dessins à la plume et lavés.

145. — LEBRUN. Hercule et Cacus. — Tempeste. Chasse et trois dessins.

146. — RIBERA. Saint Jérôme ; dessin à la sanguine. — Lucas Giordano. Vénus et jeux d'enfants ; joli dessin. — Baccicio Carli. Saint Jérôme.

147. — LANFRANC. L'assemblée des dieux ; dessin arrêté d'un plafond. — Corrège (Attribué à). Etude de saint Jérôme ; dessin aux trois crayons rehaussé de blanc.

148. — STRADAN. Chasse au sanglier ; grisaille en deux dessins.

149. — PRIMATICE. Vénus cachant l'arc ; dessin à la plume et légèrement lavé ; enfant à la pierre noire. — Nicolo del Labate. Figure d'homme à la plume et rehaussé.

150. — POUSSIN (Nicolas). Une sainte devant le tyran ; dessin d'après Le Dominiquin, à la plume et lavé à l'encre de Chine.

151. — TINTI. L'annonciation ; dessin à la plume et au bistre, et terminé. — Ecole d'Andrea del Sarte. Patriarche grec ; dessin au crayon noir.

152. — STELLA (J.). Fuite en Egypte ; très-joli dessin à la plume, lavé et rehaussé d'or. — Jeux d'enfants.

153. — POLIDOR. Un vase d'ornements ; dessin à la plume. — Même style. Femmes caryathides. — Beccafumi. Fragment de Notre-Seigneur prêchant parmi les docteurs ; dessin à la plume et lavé au bistre.

154. — BOURGUIGNON. Deux batailles dont une est remarquable et l'autre a deux faces.

155. — POUSSIN. Deux études de paysage à la plume. — A. Carrache. Dessin à la sanguine, paysage.

156. — TINTORET. Le frappement du rocher. — Tempeste *de mulieribus*. Deux femmes guerrières. — Lafage. La Madeleine aux pieds de Jésus.

157. — PASSAROTTI. Etude de femme à la plume. — L. Carrache (Attribué à). La Vierge au rosaire; dessin à la plume et au bistre.

158. — SNEYDERS. Trois dessins d'animaux, dont un offrant des fruits et gibiers; dessin à la plume et légèrement lavé.

159. — CANTAGALLINA. Les annonces. Et trois dessins par B. Mola, Leclerc et le Prince, en tout cinq dessins.

160. — BELLA (Stephano della). Le port de Livourne; dessin capital à la plume et bien conservé.

161. — Neuf dessins de diverses écoles : Francisco Vanni; Lanfranc; Zucchero; Tasso; Lorenzo Sabattini; Tintoret; Tempeste; Tibaldi; d'après Andrea del Sarte.

162. — PENNI (Lucas). Composition de deux figures, composition de salon. — *Inconnu.* Jolie frise; école de Fontainebleau, enfants conduisant un sanglier.

163. — Six dessins par différents maîtres, dont un par Schiavone; adoration des bergers; à la plume, rehaussé de blanc; un autre, sujet de saint Martin.

164. — CANTAGALLINA. Composition de sabat; dessin à la plume et capital; il est bistré.

165. — PÉZARÈZE. Repos de la Sainte-Famille ; aquarelle gravée.

166. — SPECARD. La visitation ; dessin à la plume, lavé et rehaussé de blanc , traité dans la manière de Sébastien del Piombo : très-joli dessin.

167. — Quatre dessins par Batista del Mora ; Lélio Orsi, casque ; Carrache , trois têtes ; Passaroti , tête à la plume et large.

168. — Quatre dessins : Denis Calvar , saint Jérôme ; le baptême de Jésus-Christ par l'Albane ; tête d'Ann. Carrache ; Cesare Ballioni, saint Roch et saint Sébastien.

169. — BISCAINO. L'adoration des bergers (cabinet Mariette).—Lucas Cambiaso, la Vierge , l'Enfant-Jésus et saint Jean ; (cabinet Lebrun) dessins à la plume et au bistre.

170. — Huit dessins par Bon-Boulogne, Laurent de La Hire, Antoine Dieu, Michel Corneille et autres.

171. — Huit autres dessins par Michel Corneille, Verdier, Jannet , Chauveau et autres dont un aussi de l'école française : la Vierge , l'Enfant-Jésus et plusieurs saints ; dessins à la plume et coloriés.

172. — Trois dessins de l'école française : un colorié, un autre, la cène, dessin fini , et une scène familière par Wille ; dessin à la plume et lavé.

173. — SIRANI (Élisabeth). Judith. Attribué à Dominiquin ; David dansant devant l'arche. Trois figures, croquis de Louis Carrache , dessin rehaussé de blanc.

174. — BOURGUIGNON. Grande bataille ; dessin à la plume ; autre dessin, repos dans un camp après la bataille ; dessin très-fini dont le fond noir forme la nuit.

175. — FAGE (Raymond de la). Un des plus pré-

cieux dessins de ce maître , à la plume et à l'encre de Chine. Il représente le serpent d'airain ; il porte la signature placée avec soin.

176. — LE MÊME. La malédiction donnée à Caïn ; dessin à la plume et double ; Christ en croix ; dessin à la plume et lavé.

177. — Cinq dessins par J. Cousin, Dumoutier, Stéphanus, F. Perrier, et manière de Castiglione.

178. — Quatre dessins : un plafond attribué à l'Albane ; Vierge et Enfant-Jésus par Élisabeth Sirani ; Apollon et Daphné, par Brizzi , et miracle par Carlo Cignani.

179. — Quatre autres dessins : manière de Rosso , composition encadrée d'ornements ; F. Zucchero , la cène de Léonard de Vinci ; une étude de Carrache , et une autre du cavalier d'Arpino.

180. — Cinq dessins par Tintoret ; Tarquin et Lucrèce ; du même, Agar avec l'enfant et l'ange ; un saint, par Pordenone le vieux.

181. — Six dessins , par Cambiaso , Valerio Castelli, Zucchero , Geminiani et Piola.

182. — UDINE (Jean). Trois frises ; compositions de triomphes, petits dessins à la plume.—F. Zucchero, Joseph et Putiphar, et un autre manière de Zucchero.

183.— Quatre dessins , N. Poussin ; figure de femme et tête à la plume d'après la transfiguration de Raphaël ; Leclerc , un roi de France faisant un chevalier, et saint Roch ; inconnu,

184. — Cinq dessins : Andréa Manteigne , saint à genoux ; dessin à la plume et au bistre ; fra Bartholoméo, étude ; Ucello, figure debout, ancien maître florentin ;

Micarino, études à la plume ; école de Polydore, dessin à la plume.

185. — Quatre dessins : Garafolo (attribué), la
Vierge, Jésus et des anges ; dessin à la plume ; Jean
Udine, Apollon et Marsias, dessins à la plume ; Cesare
da Ceste ; la Vierge, dessin à la plume, inconnu ; réunion de saints en prière ; dessin d'un ancien maître florentin, à la plume, au bistre et rehaussé de blanc.

186. — CARAVAGE (Michel-Ange de). Les âmes du
purgatoire invoquant la Vierge et l'Enfant-Jésus ; dessin à la plume et lavé.—Manfredi, le reniement de saint
Pierre, dessin à la sanguine.

187. — Cinq dessins, Michel-Ange de Carravage ;
la diseuse de bonne aventure ; dessin à la plume et lavé.
Le même, l'ensevelissement de Jésus-Christ ; dessin à
la plume, et trois autres dessins, dont une tête d'ange
par J.-C. Procacini, au crayon rouge.

188. — ÉCOLE FLORENTINE. Femme de qualité et
dames religieuses priant devant un saint ; dessin à la
plume et au bistre.—Dominico Feti, l'enlèvement d'Europe, dessin à la plume, lavé et rehaussé de blanc.

189. — PUCCETTI. La naissance de saint Jean-Baptiste ; dessin à la plume et au bistre.—Léonard Bramer,
la flagellation, dessin à la plume et colorié. École des
Carrache, transfiguration, dessin à la plume et au bistre.

190. — MOLA (F°). Monument allégorique à l'éter-
nité ; dessin à la plume et au bistre.—Carlo Cignani,
Moïse sauvé des eaux, et composition.

191. — Trois dessins, dont un de l'école flamande,
sujet de la fable ; dessin d'une belle plume et lavé ; inconnu ; ermite, et le troisième, Éliézer et Rébecca ;
dessin à la sanguine.

192. — BELLA (Stephanino del la). Dessin à la plume, encadré d'ornements dorés ; sujet d'une chasse à l'autruche. (Cabinet Denon.)

193. — LESUEUR. Sacrifice à Junon ; dessin à la plume et lavé ; le même, allégorie.

194. — POUSSIN (N.) Sujet de David ; dessin double, représentant au revers Bethsabé au bain ; à la plume, au bistre et rehaussé de blanc. Le même, sujet d'un sacrifice à Jupiter ; dessin à la plume et au bistre.

195. — LE MÊME. (Manière). Figure allégorique, peinte au lavis et rehaussé de blanc. N. Poussin. Études de navires, à la plume et lavées.

196. — MOLA (Francesco). Ermite dans le désert et secouru par un ange; les trois Parques qui annoncent la mort à une femme; deux dessins à la plume et au lavis, par Annibal Carrache. Tête de vieillard, et à la plume, par Le Mola.

197. — CALLOT. Figure d'homme portant drapeau; dessin à la plume. Une apparition, par le même; dessin à la plume et lavé au bistre. Croquis à la sanguine, par S. Cantarino, miracle. Saint Jérôme, par Biscaino.

198. — CARRACHE (Louis). La vierge aux anges; beau dessin à la plume et lavé. Antoine Corrège. Le mariage de sainte Catherine; dessin à la plume, aux crayons et lavé.

199. — TIBALDI (Pellegrino). Figures allégoriques posées sur un char; dessin fini à la plume et au lavis. Salviati. Bataille; grande composition à la plume et au lavis.

200. — ROSA (Salvator). Adam et Eve chassés du Paradis; dessin à la plume et lavé. Lucas Giordano.

Une sainte prêchant; dessin à la plume et à l'indigo.

201. —Huit dessins, par et d'après Carlo Cignani, Poussin, Dominiquin et autres.

202. — Huit dessins par différents maîtres, dont un par Cantarini; belle contre-épreuve à la sanguine, plus un saint devant une croix, par L'Espagnolet.

203. —Sept dessins, par Jean Udine, A. Carrache, Vanderlan et autres bons maîtres.

204. —Six dessins par et d'après Andrea del Sarte et autres maîtres de l'école florentine.

205. —Sept dessins, par Lafage et des maîtres florentins; le triomphe de Vénus, par Palme le jeune; étude de Lesueur, à la pierre noire et rehaussée de blanc.

206. — PIOLA (Dominico de Gênes). David devant Saül, dessin lavé et très-capital.

207. —Joseph et Putiphar, dessin par Cignani, à la pierre noire, rehaussé de blanc et gravé; prédication de saint Jean, par Piola.

208. —LAFAGE. Projet d'autel, dessin à la plume, et lavé à l'encre de Chine, et un autre dessin de l'école française, composition pour un plafond.

209. —Quatre dessins à la plume, dont Judith, par Perin del Vaga, à la plume et lavé légèrement au bistre, et un par Batista Franco, frise.

210. —Prise d'habit, précieux dessin à la plume et lavé au bistre, par un ancien maître florentin; étude à la sanguine et rehaussée de blanc, par Pontorme; dessin à la plume dans le style de Vasari.

211. —Abraham recevant les anges, dessin rare, à la plume et au bistre, par Giovanni da san Giovani; dessin de forme cintrée, par un maître florentin, et un religieux, à la pierre noire, par le cavalier d'Arpin.

212. — Adoration des bergers, école de Fra-Bartholomée, joli dessin, teinté de bleu ; le sacrifice d'Abraham, dessin par Cigoli, à la plume et lavé à l'encre de Chine, et une figure académique, dessin florentin.

213. —ROUX (Maître). Saint Roch, dessin terminé à la sanguine ; joli dessin, projet de candélabre de Bronzino ; la prédication de saint Paul, école florentine, lavé au bistre ; Diane, par Salviati, de Venise, à la plume et lavé au bistre ; saint Étienne, attribué à Cigoli, à la plume et lavé à l'encre de Chine.

214. — Triomphe de Clélia, par Salviati, de Venise, dessin à la plume et lavé au bistre, dessin capital ; tête de la Vierge, par Carlo Dolci, dessin précieux aux deux crayons ; Bernardino Puccetti, la visitation, joli dessin, terminé à la pierre noire.

215. —Quatre dessins : Vénus et les Amours, par Pellegrino de Modene, à la plume et rehaussé de blanc, joli dessin ; caryathide, par le même, les dessins de ce maître sont rares ; Sainte-Famille, par un bon maître de l'école romaine, et un dessin par Francisco Vannius, à la plume et rehaussé de blanc.

216. — Vieillard, dessin à la plume et lavé au bistre, par le Guerchin ; la circoncision, par le Cavedone, dessin à la plume et à la pierre noire ; les anges annonçant aux bergers, dessin à la plume et lavé au bistre, par le même.

217. — Saint Jean dans le désert, dessin à la plume, lavé et double, par L. Carrache ; autre dessin du même, représentant un centaure enlevant une femme, et au revers, Hercule qui tue Antée, et un dessin capital par Lanfranc ; l'assomption de la Vierge, dessin rehaussé de blanc.

218. — Deux dessins par Stradan, et terminés à la plume et au bistre, rehaussés de blanc; sujets de chasse, traité de paix de trois empereurs, dessins à la plume et au bistre.

219. — Le cheval de Troie, par Labelle, dessin à la plume, terminé et légèrement lavé au bistre; une sainte, par Dominico Feti, à la pierre noire; naissance de saint François d'Assises, joli dessin terminé par Pasinelli, à la plume et au bistre, étude grisaille peinte.

220. — LORENZO (Sabattini). Le Christ au jardin des Olives, joli dessin à la pierre noire et rehaussé de blanc; sacrifice d'Abraham, dessin à la plume et terminé par Santi di Titi; allégorie par Prospero Fontana, dessin rare, à la plume et légèrement lavé.

221. — Judith, dessin à la pierre noire, par Francesco Salviati; naufragés sauvés par un saint, dessin à la plume et rehaussé de blanc, par Santo di Titti; étude de femme, dessin à la pierre noire et rehaussé de blanc, école de Bologne.

222. — Christ au tombeau, dessin capital, à la plume et au bistre, style de Corrège; allégorie à la religion, dessin à la plume par Alessandro Allori.

223. — Saint François, par Annibal Carrache, dessin à la plume et lavé (Ve Denon); gloire de saint François par Lamfranc, à la plume et lavé; scène du déluge, dessin à la plume, par le Gobbo des Carraches.

224. — L'Enfant-Jésus sur les genoux de la Vierge, et adoré par deux anges, dessin terminé et rehaussé de blanc; Madelaine pénitente, dessin à la sanguine, par Guerchin.

225. — La Madeleine dans le désert, joli dessin au crayon rouge, par le Guerchin; étude de femme à la sanguine, par Gennaro.

226. — Un dessin, paysage colorié, et un autre à la plume et à l'encre de Chine, signé de Marne.

227. — Huit dessins à la plume, et de l'école française.

228. — Adam et Eve devant Dieu; dessin très-capital à la plume, par Baccio Bandinelli.

229. — Satyre poursuivant une nymphe, beau dessin par Primatice, à la plume et lavé.

230. — Quatre feuilles, dessins arabesques et précieux, par J. Udine, à la plume et ombré. (Cabinet Denon.)

231. — Dioclétien et Maximilien condamnant plusieurs martyrs, dessin très-capital, par Perino del Vaga, à la plume et rehaussé de blanc, et cité par Vasari. (Collection Mariette.)

232. — Eole, dessin à la plume par le Primatice, très-terminé et légèrement lavé; femme en extase, dessin à la plume et lavé par Pellegrino Tibaldi.

233. — Procession par Andrea del Sarte, précieux dessin à la pierre noire et terminé.

234. — Deux dessins à la plume dont un représente des ouvriers tournant un cabestan, par Léonard de Vinci, et l'autre, étude de bras par lui-même. (Cabinet Denon.)

235. — Belle tête d'expression à la plume et à l'encre de Chine par le Parmesan; la Justice, dessin à la plume d'après Raphaël.

236. — Deux prophètes, par Micarino Beccafumo, dessin à la plume et lavé; prophète par Giovanni di san Giovanni, dessin à la plume et lavé; tête de femme par Girolamo da Carpi, à la plume, ombré et rehaussé de blanc.

237. — Mercure, école de Raphaël, à la plume et lavé; Saturne, dessin par Buonazone, à la plume et lavé au bistre.

238. — Portrait d'un pape, précieux dessin à la plume et lavé par Le Titien; le fondateur des Camaldules, composition de deux figures principales, par Jérôme Mutian, dessin à la plume et lavé au bistre.

239. — Précieux dessin double, à la plume et lavé, par Ambrogio Figino; il représente des compositions et groupes de figures.

240. — Saint Hubert, dessin à la plume et lavé, par Bernardino Campi, chef de l'école de Crémone; la Vierge, l'Enfant-Jésus et sainte Anne, dessin au crayon rouge, par Giulio Campi; sainte Cécile et sainte Agnès, beau et rare dessin à la plume et lavé, par J. B. Trotti. dit le Malosso.

241. — Gandolfo, tête de jeune fille; enfant; deux précieux dessins à la sanguine; et têtes de vieillard.

242. — Offre des présents à Niobé, beau dessin à la plume et lavé au bistre, par Polidore.

243. — Vierge et Enfant-Jésus sur des nuages; dessin attribué à Andrea del Sarte; sainte Ursule, par Gentileschi; martyr attribué à Mutian.

244. — La mort de la Vierge, dessin double aux deux crayons, par P. P. Rubens, morceau capital; étude des deux larrons, dessin à la plume, par le même.

245. — Saint Christophe portant l'Enfant-Jésus, très-beau dessin à la plume et lavé au bistre, par Georges Pens. (Cabinet Dénon.)

246. — Trophée, dessin à la plume, par Poussin;

trois études de Lesueur et composition à la pierre noire, par le même.

247. — Etude de la colonne Trajane, par N. Poussin, à la plume et rehaussée de blanc; par le même, dessin à la plume et rehaussé de blanc, représentant deux amours brûlant les ailes à l'aigle de Jupiter.

248. — L'enlèvement d'Europe, dessin à la plume et composition capitale lavée au bistre, par N. Poussin.

249. — Composition de quatre figures, dessin à la plume, par Le Guerchin; beau et capital dessin.

250. — La fuite en Egypte, dessin à la plume, lavé à l'encre de Chine et rehaussé de blanc; capital dessin, par Le Dominiquin.

251. — La mort du Christ, beau dessin à la plume et lavé, par Annibal Carrache.

252. — Deux têtes aux trois crayons, par F. Barroche; et Sainte-Famille, dessin à la plume, par le même.

253. — Etude de quatre figures, dessin à la plume, de la belle manière de Raphaël.

254. — Grande étude d'arbre pour un paysage non terminé, dessin tracé au bistre, par Claude le Lorrain.

255. — La Vierge et l'Enfant-Jésus planant au-dessus de trois saints, par Salembeni, dessin à la plume et lavé; sainte portant des aumônes, dessin à la plume et fortement lavé, par Cigoli.

256. — Martyre de sainte Félicité d'après Raphaël, par Timótheo della Vite, auteur qui a le plus approché de la manière de Raphaël; dessin très-rare à la plume et teinté de bleu.

257. — Orphée jouant de la lyre devant Pluton pour

délivrer Euridice, dessin à la plume, légèrement lavé et de la belle manière de Jules Romain.

258. — Bacchus et Ariane, grande composition, par Jules Romain; beau dessin à la plume et légèrement tracé.

259. — Marche triomphale de guerriers, capital dessin à la plume et lavé au bistre, par Polidore.

260. — Dessin capital d'un plafond, compositions et ornements, par Le Rosso, dessin à la plume et lavé au bistre.

261. — Vierge, Enfant-Jésus et saint Jean-Baptiste, dessin à la plume, lavé et précieusement exécuté par Le Titien.

262. — Jésus et les disciples d'Emmaüs, beau dessin à la plume et légèrement lavé, par Paul Véronèse.

263. — Une lutte, groupe de deux figures, dessin à la plume et très-caractérisé, par Michel-Ange Buonarotti.

264. — Cinq dessins dont une grande composition, par Stella; et une autre, par Ghetzi.

265. — La cène, grand dessin à la plume et rehaussé de blanc, par Bonone de Ferrare.

266. — Décoration d'un plafond, beau dessin à la plume et rehaussé de blanc, par Lattanzio Gambara, élève de Giulio Campi. (Cabinet Denon.)

267. — Figure nautique representant la ville de Livourne, dessin à la plume et lavé au bistre, par Baccio Bandinelli.

268. — La vie de saint Jean-Baptiste, composition pour un plafond, grand dessin à la plume et lavé, par Tadéo Zucchero. (Cabinet Denon.)

269. — Quatre grands dessins, études, par Rubens, Le Sueur, Lallemand et Benedette.

270. — Le frappement du rocher; grand dessin à la pierre noire, lavé et rehaussé de blanc par Le Bassan père; bataille à la plume par Lucas Giordano; dessin de Mutian, d'après la colonne Trajane; lutte d'Apollon et Marsias, dessin de l'école vénitienne; composition de Jean Miel et un autre.

271. — Cinq dessins, par A. Carrache, Sneyders, Piranèse, Nicole et autres.

272. — L'assomption; dessin très-capital et colorié par Rothenamer. (Cabinet Denon.)

273. — Pâtre conduisant un troupeau; dessin à la plume et lavé par M. Berghem.

274. — Suzanne et les vieillards; dessin au crayon rouge, par Le Guerchin, et deux dessins de l'école de Bologne.

275. — Les anges apportant à manger à Jésus après le jeûne de quarante jours; dessin à la plume et lavé, par J. Stella; deux titres de cahier, étude de moine, par Ph. de Champaigne; buste de femme par Le Vouet.

276. — Dispute de saint Paul avec un philosophe; dessin à la plume et lavé par Guido Reni; fragment de paysage, par Le Dominiquin; sujet religieux, dessin à la plume, par Le Guide.

277. — Le miracle de saint Bernard; précieux dessin, par Ph. de Champaigne, légèrement tracé à la plume et lavé à l'encre de Chine.

278. — Trois dessins, par Séb. Bourdon; le crucifiement, dessin à la plume et rehaussé de blanc; sainte Geneviève, dessin à la plume et au bistre; l'aveugle de Jéricho, dessin à la plume et lavé.

279. — Sept dessins, par Lebrun, Le Puget, El. Vignon, Le Sueur et autres.

280. — Miracle de saint Bernard ; dessin à la plume et lavé, par Ph. de Champaigne ; paralytique guéri par Notre-Seigneur, dessin à la plume et lavé, par S. Bourdon ; l'ange tutélaire, par le même (collection Mariette) ; Christ mort, par Le Vouet, et deux dessins à la sanguine, par Ph. de Champaigne.

281. — Croquis de l'adoration des bergers ; feuille d'études, gloire de saint Etienne, dessin par N. Poussin, pendentif, dessin à la plume, école de Fontaine-bleau.

282. — Sacrifice d'Iphigénie ; capital dessin à la plume et lavé, par Piétro Testa ; allégorie au Temps, dessin par le même.

283. — Allégorie à la Peinture ; précieux dessin à la plume, par Piétro Testa ; composition de la fable, dessin à la plume sur papier bleu, par le même.

284. — Le passage de la barque à Caron ; dessin de l'école du Primatice à la plume et rehaussé de blanc ; trois dessins de Nicole Dellabate et un de l'école de Primatice.

285. — Saint Jérôme ; dessin à la plume et au bistre, par le vieux Palme ; la circoncision, par Tintoret ; Adam et Eve, par le même, dessin à la plume et rehaussé de blanc ; deux ermites, dessin à la plume et lavé, par Paolo Farinati.

286. — La jeune cuisinière ; dessin à la mine de plomb, par Corneille Béga.

287. — Effet de lumière ; dessin à la pierre noire et rehaussé de blanc, par C. Wischer ; contre-épreuve, d'après Rubens, sujet de saint Philippe baptisant l'eunuque de la reine Caudas ; trois femmes, dessin, par Rubens, d'après Le Primatice.

288. — Très-beau paysage ; dessin à la plume, par Annibal Carrache. (Cabinet Mariette.)

289. — Alexandre reçu par le grand-prêtre dans le temple de Jupiter-Ammon ; très rare et capital dessin à la plume, lavé et rehaussé de blanc, par Le Sodoma. Ecole florentine.

290. — Dieu parlant à Abraham ; fort belle ébauche capitale, par Benedette Castiglione.

291. — La présentation au temple ; autre dessin capital à la plume et lavé au bistre par Paul Véronèse.

292. — La prédication de saint Jean ; dessin capital à l'indigo, par J. Mutian.

293. — La circoncision ; très-capital et riche dessin à la plume et légèrement lavé, par Paul Véronèse.

294. — Cincinnatus refusant le commandement des Romains ; capital dessin à la plume et lavé, par Polydore.

295. — Le triomphe d'Antonin-le-Pieux et de Marc-Aurèle ; autre capital dessin à la plume et lavé au bistre, par Polydore.

296. — Dieu ordonnant à Noé de bâtir l'arche ; capital dessin à la plume, par Baccio Bandinelli, et d'une parfaite conservation.

297. — F. Barberousse, empereur d'Allemagne, relevé de l'excommunication par le pape, devant l'église Saint-Marc ; dessin à la plume et lavé, rehaussé de blanc et terminé par Frédéric Zucchero. Capital et du cabinet Mariette.

298. — Composition de la fable, figures, ornements et animaux, formant la décoration d'un plafond ; précieux dessin à la plume et lavé au bistre, par J. Udine ; le milieu porte les armes de Henri II.

299. — Prédication de saint Jean-Baptiste ; joli dessin, bien conservé, à la plume et lavé, par N. Poussin ;
Pallas, dessin très-fin, par Jules Romain, à la plume et
lavé au bistre ; dessin double, martyre d'une sainte,
dessin à la plume, par Penni Fatore ; rare.

3oo. — Adoration devant une idole ; très-beau dessin à la plume, lavé et rehaussé de blanc, par Polydore.

3o1. — PERUZZI (Baltazard). Bataille ; dessin à la
plume et d'une belle manière. Le même. Composition
nombreuse en figures ; autre dessin à la plume et légèrement lavé.

3o2. — COSIMO (Piétro di). L'annonciation et six
prophètes ; dessin capital à la plume, et lavé. Andréa
del Sarte, son élève, la prédication de saint Jean ; à la
plume et au bistre.

3o3. — POLIDORO (École). Triomphe de David ; à
la plume et lavé. École romaine. Mars et Vénus. Périno
del Vaga, allégorie à la Victoire ; dessin à la plume et
lavé.

3o4. — GARBO (Raphaellino del). Étude à la plume.
École florentine. La cène des apôtres ; dessin à la plume
et lavé à l'indigo. Salviati, saint Michel. Rustico, un
saint en méditation.

3o5. — PRIMATICE. Sujet de la fable ; dessin à la
sanguine et rehaussé de blanc. Le même. Jeux d'enfants ; dessin à la plume. Nicolo Dellabate, figure de
Renommée ; dessin à la plume et lavé.

3o6. — LEBRUN. Scène de la Bible ; grande composition à la plume, lavée et rehaussée de blanc. Seb.
Bourdon. Fragment d'une composition du jugement
dernier ; dessin à la plume, lavé et rehaussé.

3o7. — LEBRUN. La naissance de Bacchus ; dessin

capital, à la plume et lavé. Seb. Bourdon. Dessin à la plume, fragment du déluge.

3o8. — POUSSIN (Gouaspres). Vaste paysage à la plume, et la vue de Rome, autre dessin à la plume et lavé.

3o9. — FAGE (R. de la). Saül devant la pythonisse; dessin capital, à la plume et lavé. (Cabinet Denon.)

3ro. — POUSSIN (N.) Deux dessins faits à Rome, à la plume et largement exécutés.

3rr. — SALVATOR (Attribué à). La mort de Régulus par les Carthaginois; dessin capital à la plume.

3r2. — PERRUGIN. Tête de vierge; dessin au crayon noir, et terminé par une figure caractérisant l'abondance; dessin rare, à la plume.

3r3. — CARRACHE (Annibal). Paysage à la plume et enrichi de figures, et capital.

3r4. — GUERCHIN. Paysage et temple; dessin à la plume et vigoureusement ombré.

3r5. — DURER (Albert). La vue d'un village; dessin à la plume, précieux d'exécution, et portant la date de 1520. Paul Véronèze. La Vierge, l'Enfant-Jésus et saint Roch; dessin à la plume et lavé.

3r6. — LE ROSSO. Eliezer et Rébecca ; grand dessin à la plume et au lavis, et rehaussé de blanc.

3r7. — TITIEN. Paysage d'une savante exécution, à la plume et lavé. Campagnole. Sujet pastoral à la plume, gracieux sujet.

3r8. — TINTORET. Sujet de la fable; joli dessin à la plume et lavé. Pordenone, sujet sacré, dessiné à la sanguine.

3r9. — LE LORRAIN (Claude). Paysage, site sévère, à la plume et lavé; fort beau dessin de ce maître.

32o. — BAGLIONI. Saint Pierre ressuscitant la

veuve Tabite; fort beau dessin de ce maître de l'école romaine, fait chevalier pour le tableau qu'il fit de ce sujet à Saint-Pierre; dessin à la plume et lavé.

321. — ZUCCHERO (Frédéric). Le frappement du rocher; brillante composition arrêtée à la plume et lavée au bistre.

322. — FRANCO (Batista). Offrandes faites à Niobé; dessin arrêté et composé par le maître. Il est d'une plume très-fine et capital.

323. — PRIMATICE. Diane échappant aux satyres; gracieux dessin à la plume et légèrement lavé.

324. — Quatre dessins de l'école allemande. Albert Durer, la Mort s'emparant de tous les âges, beau dessin à la plume; Stradan, écusson entouré des dieux de la fable, dessin fin à la plume et lavé; Lucas de Leyden (d'après), léger dessin au crayon noir.

325. — FRANCO (Batista). Saint Pierre à la porte du temple et guérissant l'estropié, beau dessin à la plume et lavé dans la manière de Polidore. Marco da Siena, personnage reçu par un pape, dessin à la plume, lavé et rehaussé de blanc.

326. — REGGIO (Raphaël da). Hérodias portant la tête de saint Jean, joli dessin à la plume et lavé. Bronzino, la mort de Lucrèce, dessin à la plume, précieux et légèrement lavé et rehaussé de blanc.

327. — TIBALDI (Pellegrino). Deux figures cariatides et ornements; autre dessin contenant différentes études, dessin à la plume et lavé. Perino del Vaga, composition encadrée d'ornements et figures. Buonazone, figure de Victoire tenant une Renommée, dessin à la plume et lavé.

328. — VASARI. La flagellation, dessin à la plume

et lavé. Ecole romaine, les trois sybilles , joli dessin
lavé et à la plume.

329. — SWANDVELDT , dit Hermann d'Italie ,
(Hermann). Extérieur des murs de Rome et réunion de
figures; dessin capital à la plume et lavé.

330. — LE LORRAIN (Claude). Etude de ruines ,
dessin au lavis. Hermann d'Italie , paysage lavé.

331. — RAPHAEL. Première manière; l'ange apparaissant à saint Joseph , dessin à la plume.

332. — LE LORRAIN (Claude). Paysage orné d'un
temple et enrichi de figures et animaux; il est à la plume
et à l'indigo.

333. — CARRACHE (Annibal). Dessin capital , représentant le miracle de l'hostie en présence de saint
Pascal; il est à la plume , lavé et rehaussé de blanc.

334. — LIGOZZI. Sainte Marguerite et l'ange portant un joug; beau dessin à la plume , au bistre et rehaussé d'or.

335. — POUSSIN (Nicolas). Apollon et Daphné ;
dessin à la plume et au bistre. Le même, une feuille
contenant quelques compositions et figures drapées ;
dessin à la plume avec une annotation de la main de l'auteur : morceau intéressant.

336. — VANNI (Francesco). Une sainte assistée de
religieux; autel avec deux saints; dessins à la plume et
lavés. Barroche et Gentileschi.

337. — ABATE (Nicolo dell). La Vierge et l'Enfant-Jésus; dessin à la plume et aux crayons, gravé ,
par Denon. Vasari, allégorie, dessin à la plume , lavé
et rehaussé.

338. — TIBALDI (Pellegrino). Dessin d'ornements

d'architecture et figures, près d'un médaillon; dessin précieux à la plume et bistré.

33g. — Dessin sur une feuille. Le Christ descendu de la croix par F. Zucchero; fort joli dessin à la plume et lavé. Un prophète, par Pellegrino Tibaldi, dessin d'un beau caractère, à la plume et lavé au bistre. La déposition de croix, école florentine.

340. — FIAMINGHINO. La visitation; dessin à la plume, lavé et rehaussé de blanc. La Vierge, l'Enfant-Jésus, saint Jean et sainte Elisabeth; dessin au crayon rouge, rehaussé de blanc, et d'un des élèves de Léonard de Vinci.

341. — ROSA (Salvator). Allégorie à la Peinture, beau dessin à la plume et lavé au bistre, et portant un beau caractère. Lucas Giordano, la mort de Sénèque; dessin à la plume et lavé au bistre. Ribera, saint François en méditation.

342. — SALVIATI (F.). La présentation au temple, dessin à la plume et lavé; belle composition et gravée sur bois. Deux autres jolis dessins.

343. — PARMESAN. Enfant endormi; précieux dessin à la plume; Diane et femme drapée, deux dessins par Primatice et Parmesan. Trois beaux dessins.

334. — PARMESAN. Judith tenant la tête d'Holopherne, dessin à la sanguine; et saint Jérôme, dessin à la plume et légèrement teinté par Le Rosso.

345. — UDINE (Jean). Sujet de la Bible et saint Paul chez Ananie; deux jolis dessins et petit précieux dessin attribué à Perino del Vaga.

346. — PRIMATICE. Jeux d'enfants; dessin au crayon rouge; et le sujet de Mithra d'après l'antique,

par Perino del Vaga , dessin à la plume et rehaussé de blanc.

347. — VAGA (Perino del). La mise au tombeau , composition de plusieurs figures; capital dessin à la plume , lavé et rehaussé de blanc.

348. — PENNI (Lucas). Moïse sauvé des eaux ; capital dessin à la plume , lavé et rehaussé de blanc.

349. — PERELLE. Précieux dessin , paysage , hiver, figures et animaux ; il est à la plume et légèrement colorié.

350. — EMPOLI (J. da). Saint Michel pesant les âmes ; dessin d'une plume spirituelle et lavé au bistre. Boscoli , sainte Marthe conduisant Madeleine à Jésus-Christ , dessin savant et composé de plusieurs figures.

351. — VERONÈSE (Paul). Gloire de saints ; capital dessin à la plume , au bistre et rehaussé de blanc, et bien conservé.

352. — VOLTERE (Daniel de). Saint Zacharie et sainte Elisabeth ; dessin rare , à la pierre noire et estompé. L'ascension , sujet encadré dans un autel ; précieux dessin de l'ancienne école florentine.

353. — TINTORET. Saint Benoît chassant le démon en possession d'une pierre; dessin d'un grand mouvement , à la plume , bistré et rehaussé. (Cabinet La goix.)

354. — SALVIATI (Francesco). Persée vainqueur du monstre ; dessin expressif, lavé au bistre et à la plume et rehaussé de blanc.

355. — BELLIN (Jean). Tête de vierge, à la sanguine et rehaussée de blanc; ouvrage d'un précieux fini et portant la date de 1509.

356. — LE MÊME. Un pape ; figure dessinée à la

plume et lavée. Pordenone. Dieux marins et ornements formant frise ; dessin rehaussé à l'imitation de l'or.

357. — GUERCHIN. Paysage à la plume, à effet et orné de figures.

358. — TINTORET. Le Calvaire ; dessin à la plume, et lavé. Par le même. Dessin capital, sujet d'un doge de Venise et plusieurs saints.

359. — CASTIGLIONE (Benèdette). Composition pastorale ; dessin peint à l'huile, colorié et capital.

360. — LEBRUN. Jupiter et les dieux de l'Olympe foudroyant les Titans ; beau dessin à la plume, lavé et rehaussé de blanc. Par le même. Une Madeleine ; dessin à la sanguine, et une étude au crayon noir.

361. — LESUEUR. Grande composition religieuse ; dessin légèrement lavé, et deux études de figures.

362. — LEBRUN. Sacrifice au Tibre, et deux évangélistes ; le premier, dessin à la plume, lavé et de la belle manière.

363. — MICHEL-ANGE (École). Un des précieux dessins de l'école florentine, représentant un sujet de l'histoire du XVe siècle ; il est à la plume et légèrement lavé. Salviati. La partie inférieure de l'Assomption ; dessin à la sanguine.

364.—STEPHANUS. L'histoire d'Arcas et Méléagre ; trois précieux petits dessins à la plume et lavés à l'indigo. Gierolamo da Carpi. Très-joli dessin à la plume, composition de la fable.

365.—Par différents maitres. Vingt dessins divers.

366. — Dix-huit autres dessins divers.

367. — Environ vingt dessins divers.

368. — CARRACHE (Annibal). Grand paysage et fabriques ; dessin capital à la plume.

369. — SCHIAVONE. Martyrs conduits devant le tyran ; beau dessin de ce maître , il est à la plume, lavé et rehaussé de blanc, et rappelle la manière de faire du Parmesan.

370. — CARRACHE (Augustin). Jeux d'enfants ; dessin à la plume et lavé ; étude d'Annibal Carrache ; Renommée de Baccio Bandinelli, et trois autres dessins.

371. — GUERCHIN. Paysage à la plume. Cantagallina ; allégorie à la plume et lavé.

372. — CARRACHE (Augustin). Paysage au crayon noir. Passaroti. Étude à la sanguine et autres dessins.

373. — CARRACHE (Annibal). Trois dessins. Paysages à la plume, deux de forme ronde portant le nom de Crescencio.

374. — LE MÊME. Paysage richement composé ; il est à la plume et porte la marque de Mariette ; un autre dessin, paysage à la plume, et un croquis à la plume et lavé.

375. — BENEDETTE (Style de). Pastorale ; dessin peint à l'huile et à effet. École des Carraches. Paysage à la sanguine.

376. — SCAMINOSSI (Raphaël). La multiplication des pains ; très-joli dessin à la plume, lavé à l'indigo et terminé. Vannius. Vierge et Enfant-Jésus ; dessin à la plume et bistré.

377. — PERRIN père. Paysage à la plume , orné de figures et très-fini ; autre paysage par Perelle fils, de la plus belle manière et à effet.

378. — LABELLE. Marine ; dessin à la plume , et autre paysage aussi de la plus belle plume et du cabinet Denon.

379. — LAFAGE. Adoration des bergers ; dessin à

la plume. Candgiage, très-joli dessin à la plume et lavé ; sujet de la tentation de saint Antoine, et deux péndentifs doubles ; dessins par Lanfranc, lavés à l'indigo.

380. — ZUCCHERO (Tadeo). La présentation au temple, dessin à la plume ; par le même, l'assomption, dessin à la plume et lavé, et un cheval Pégase, à la plume et lavé.

381. — CARRACHE (Louis). Sainte Catherine agenouillée devant la Vierge et l'Enfant-Jésus. Guide, saint Pierre et saint Étienne. Ann. Carrache, l'assomption, joli croquis à la plume.

382. — BURCKMAIR. Adoration des bergers ; dessin à la pierre noire, rare et précieux, du cabinet Denon ; plusieurs fragments du sujet d'Abigaïl, école d'Albert Durer.

383. — PÉSARÈZE (Cantarini, dit le). La résurrection du Lazare ; dessin à la plume ; sainte Thérèse ; dessin à la sanguine.

384. — CIGOLI. Le mariage, dessin à la plume et lavé ; Salviati, sujet historique, dessin, à la plume et lavé, et saint Georges combattant le dragon, dessin à la plume et lavé.

385. — PERELLE père. Paysage à la plume et lavé ; autre paysage indiquant un port ; dessin à la plume et lavé.

386. — BECCAFUMO (Micarino). Assemblée d'astronomes, contre-épreuve. Carlino Dolci, sainte Pauline ; ces deux dessins à la sanguine.

387. — CAVART (Denis). L'assomption, très-joli dessin à la plume et lavé. Tempête, attaque d'une forteresse, dessin à la plume, au lavis et rehaussé de blanc.

388. — CARRACHE (Annibal). Très-joli paysage à la plume, et orné de figures. (Cabinet Mariette.) Bolognèse, paysage à la plume.

389. — CARPI (Jérôme da). Sacrifice romain ; dessin double, à la plume ; dessin d'une plume fine, et deux anges aussi à la plume et lavés ; Hercule et vases, deux dessins de l'école de Fontainebleau.

390. — VASARI. Deux dessins à la plume et lavés, et de la belle manière. Les sujets sont expliqués au bas.

391. — MUTIAN (Jérôme). Repos de la Sainte-Famille ; joli dessin à la plume, lavé et rehaussé de blanc. Paul Véronèse, mariage de sainte Catherine, dessin à la plume, lavé et rehaussé de blanc.

392. — SARTE (Andrea del). Sainte famille ; dessin à la plume et colorié.

FRA BARTHOLOMÉO (École de). — Étude double.

393. — Trois dessins, dont deux sujets de religion ; la résurrection et la visitation, par Séb. Leclerc, et un martyre, précieux dessin à la plume.

394. — PARMESAN. Figure de femme ; autre tête de Dominiquin, et réunion de têtes de L. Carrache ; ces trois dessins à la sanguine.

395. — HYSBINE. Saint Paul échappant à la persécution ; dessin à la plume et lavé ; cariatide, par le Sodoms ; Vierge, dessin de l'école florentine.

396. — SCHIAVONE. Prédication de saint Jean, riche composition, à la plume, lavée et rehaussée.

397. — REMBRANDT. Élie secouru par l'ange ; dessin à la plume et feuille de figures, de la belle manière de ce peintre.

398. — TITIEN (École de). Gloire de la Vierge, accompagnée de l'Enfant-Jésus et d'anges, et trois saints

sont placés au bas. Tintoret, sacrifice à Apollon ; dessin très-joli, à la plume et lavé.

399. — BECCAFUMO (Dominico). Le martyre de saint Jean-Baptiste ; composition ornée de sujets de la vie de saint Jean-Baptiste ; la mise au tombeau, croquis d'Andrea del Sarte.

400. — TITIEN. Paysage à la plume. Campagnole, autre paysage et figures, aussi à la plume.

401. — CANTARINI (Simon). La transfiguration, dessin capital, à la plume et lavé au bistre.

402. — LABELLE. Vases ornés de figures, et de la plus belle plume, et six têtes de caractères ; dessin d'une large plume.

403. — ROSA (Salvator). Étude des spectateurs de la mort de Polycrate ; dessin à la plume et lavé ; Nicolas Poussin, environ vingt têtes études à la plume sur une feuille.

404. — GUERCHIN (Manière). L'ange descendant soulager le prophète Élie ; dessin à la plume.

405. — PARMESAN. Composition de deux figures, dont une rehaussée de blanc. (Cabinet Denon.) Batista Franco, groupe de figures ; dessin à la plume.

406. — Sept dessins divers.

407. — Huit dessins : ermite, par M. Devos ; deux têtes d'ange de Guide.

408. — Cinq dessins par Bernard Picard, l'anathème prononcé contre Nestorius, à la plume et lavé à l'encre de Chine. Dessin de la Fage, bataille de Bourguignons, et un dessin d'Antoine Dieu.

409. — Sept dessins : Suzanne, par le Bourdon ; dessin à la plume et lavé ; petit portique, par Cl. Lorrain ;

ermite du Mola, six figures à la plume, par Ph. Napolitain.

410. — Six autres dessins, dont une bataille par Bourguignon; un pape, par Ph. de Champaigne, dessin à la sanguine.

411. — Six jolis dessins divers.

412. — LE LORRAIN (Claude). Joli paysage à la plume, orné de fabriques. Titien, autre paysage à la plume.

413. — PALME (le Vieux). *Ecce homo*, dessin à la plume et bien lavé et très-joli d'exécution. Titien, la chute de saint Paul, la première pensée, à la plume et lavé.

414. — HERMAN. La peste, dessin terminé à la plume et au lavis, et deux autres dessins à la plume, école de Flandre.

415. — Dix dessins, dont un paysage, par P. Brib, à la plume et au lavis; paysage à la sanguine, belle composition.

416. — Six dessins, dont un par Luycken; Jésus et les évangélistes, dessin à la plume et lavé, et allégorie à la religion, par Lairesse.

417. — CARRACHE (Aug.). Paysage et figures, composition à la plume et lavée; George Picchi, la messe à l'élévation de l'hostie; dessin à la plume et lavé. A. Allori, saint Luc et saint Etienne, dessin à la plume.

418. — Huit dessins dont un paysage (école des Carraches), et une fontaine, par Lallemand.

419. — Huit autres dessins, par Le Guide, Schidone, L. Carrache, Dominiquin et Bernino.

420. — Cinq dessins, par Ligozzi, Trevisani, Biscaino, Palme (Jeune) et Testa (Piétro).

421. — ROMANELLI. Saint Pierre qui ressuscite la veuve Tabite. Carlo Maratti, la Vierge et l'Enfant-Jésus; la mort de Sizara; deux dessins à la sanguine et au crayon noir, et Moïse recevant les tables de la loi.

422. — Six dessins, dont un Tancrède et Clorinde (école de C. Marati); dessin terminé, lavé et rehaussé de blanc.

423. — Sept dessins italiens et français.

424. — Sept dessins, par Manfredi, C. Marotti et les écoles de Bologne.

425. — Sept dessins de l'école flamande, dont une copie d'après Véronèse, et l'annonciation, joli dessin à la plume de l'école de Rubens.

426. — Six dessins; la communion (école floren-tine); la visitation, dessin de Romanelli à la plume et lavé.

427. — Quatre dessins; moine prêchant dans une barque; joli dessin et ornements arabesques.

428. — Divers dessins, dont deux de Vantulden; les travaux d'Ulysse et autres.

429. — Six dessins, dont la Vierge, l'Enfant-Jésus, saint Jérôme et saint Antoine de Padoue, par Le Cave-doue, et d'autres, par Antoine Lieu, Farinats, etc.

430. — Six dessins de l'école flamande et française.

431. — TINTORET. La piscine; concert d'anges, par Piétro Candido; l'aumône aux bergers, par Donato Creti.

432. — GUIDO. Le sommeil de l'Enfant-Jésus sous les yeux de sa mère, à la plume, lavé et rehaussé de blanc. Ciro Feri, saint Vitbal porté au ciel et la présentation au temple (école de Cortone).

433. — Quatre dessins; grande composition, par Ricci

(Séb.), à la plume et lavé ; Calandrucci, la Vierge et l'Enfant-Jésus et deux saints ; Lanfranc, un pape et une étude (école de Bologne).

434. — PRIMATICE. Très-joli dessin à la plume, lavé et rehaussé, sujet de la Charité. Ligozzi, l'adoration des bergers, dessin lavé à l'outre-mer et précieux ; et saint Marc, par Godenzio Ferari.

435. — Cinq dessins, par Veroter, Panini, Hans, Boul et autres.

436. — Trois dessins dont un paysage, par Gaspre Poussin ; capital dessin à la plume avec figures et fabriques et deux autres à la plume.

437. — Trois dessins dont un grand paysage et fabrique à la plume et lavé, et deux autres beaux paysages.

438. — Le Christ mort sur les genoux de la Vierge ; dessin de l'école bolonaise, à la plume, lavé et rehaussé de blanc ; ornements dans la manière de Jean Udine ; copie à la plume ; d'après Muntisque.

439. — TEMPESTE. Chasse au sanglier ; dessin à la plume, lavé et rehaussé de blanc, et deux autres dessins.

440. — ZUCCHERO (F.). Cléopâtre faisant dissoudre la perle ; dessin capital, grande composition, à la plume, au lavis et rehaussé de blanc. Saint Paul, par Lanfranc.

441. — BANDINELLI (Baccio). Jeu d'enfants ; dessin à la plume ; deux figures, étude à la pierre noire, par Andréa del Sarte ; et un paysage de l'école française.

442. — Cinq dessins, dont deux études du Poussin ; l'adoration des bergers ; petit dessin de l'école allemande, et un dessin d'après Jules Romain.

443. — GUERCHIN. La Madeleine; dessin à la plume; des naïades, par l'Albane; dessin à la sanguine; et sujet de religion, école de Bologne.

444. — Quatre dessins, par Panini, Palmerine, Paul Bril et autres.

445. — Huit dessins : ermite, par Dietricy; réunion de Hollandais, par Thomas Wyck, joli dessin; sujet de la fable, dessin à plume et lavé; Martin Devos et autres.

446. — Neuf dessins, dont une chasse au sanglier; précieux dessin à la plume et lavé, par Haus Boul; paysan et son troupeau, par Roos, contre-épreuve à la sanguine; un philosophe, à la plume, et autres, d'après Berghem.

447. — Un joli lot de cinq petits dessins de l'école hollandaise et flamande, par Luichen, Lavranc et Quellinus.

448. — Quatre dessins, par Pietro Testa, Sainte-Famille, trois moines d'Annibal Carrache, Tobie et l'Ange.

449. — Neuf petits dessins de l'école florentine, très-joli lot provenant du cabinet Dénon.

45o. — Seize petits dessins divers.

451. — Six dessins, par C. Ciquani, Vanderburg et Jos. Vernez.

452. — FAGE (Raymond de la). L'annonciation, dessin à la plume et lavé. Nicolam Loir, sainte Élisabeth présentant saint Jean à l'Enfant-Jésus.

453. — Six dessins, dont un par Pandolfi, le Christ soutenu par les anges; dessin à la plume et lavé au bistre; les dessins de ce maître sont rares.

454. — Six autres dessins, dont Coriolan, grande

composition, par Piétro de Certone ; Latone changeant les paysans en grenouilles, joli dessin, par Abraham Bloemaert.

455. — Huit dessins, ornements et arabesques, dont une étude de vaisseaux, par N. Poussin.

456. — Neuf dessins, ornements, dont un par Gentileschi.

457. — Dix dessins, ornements, dont un par F. Mario Tassi Nevo, spirituellement touché à la plume et lavé, et un autre, figures et ornements double et de l'époque de renaissance. (Cabinet Denon.)

458. — Dix autres dessins, dont un aussi de Mario Tassi Novo, ornements de cheminée et figures.

459. — Neuf dessins : tour de Babel, par Breuguel ; deux compositions à la plume, par Piétro Teste ; Sainte-Famille et sujet de Moïse ; et un paysage à la plume, par le Guerchin.

460. — Dix dessins , divers paysages et figures.

461. — Cinq dessins dont un sujet de sainteté, école des Carraches, à la plume et lavé. Hercule et Omphale, dessin à la sanguine ; italien.

462. — Huit dessins : la Vierge, l'Enfant-Jésus et quatre saints , par Carle Marate ; Apollon écorchant Marsyas, école de Bologne ; et un autre, par Le Bolognèse.

463. — Cinq dessins dont le Christ entrant chez les apôtres après la résurrection , dessin à la plume et lavé à l'indigo , par Giovanni da san Giovanni, précieux d'exécution ; la prédication de Jésus , par J.-B. Mola.

464. — Trois dessins, entrée des animaux dans l'arche ; très-joli dessin à la plume et lavé, par Bene-

detto Castiglione. (Cabinet Denon.) Animaux, à la plume, par Vaubursum; et dessin à la plume, d'après Berghem.

465. — Trois dessins : Ph. Napolitain, sujet de Moïse; Gentileschi , la continence de Scipion , dessin à la plume et lavé; et l'adoration des mages, dessin par Pomerancio.

466. — Cinq dessins: Jésus-Christ avec saint Pierre et les apôtres , dessin à la plume et lavé , par Ribera ; la Vierge, Jésus et différentes saintes, école de Bologne; sainte Marguerite , même école ; saint Jean-Baptiste devant Hérode, dessin double à la plume et lavé.

467. — CORTONE (Pietre de). Jelé recevant Sizara, dessin à la plume et lavé au bistre, œuvre capitale de ce maître ; école de Gênes; adoration des mages. (Cabinet Denon.) Carle Marate, sujet religieux.

368. — PASSERI. Le mariage de Tobie, dessin à la plume; deux saintes. de l'école de Bologne , dessin rendu; Dieu donnant l'ordre à l'ange chargé de l'annonciation.

469. — BACCICIA. La continence de Scipion; Benedetto Lutti : sainte Reine à genoux ; Rothnamer : concert d'anges, dessin à la plume ; Pietre de Cortone : sujet allégorique, dessin fini, lavé et rehaussé de blanc.

470. — Deux dessins dont un paysage et animaux, colorié et gouaché; différentes études à la plume.

471. — Seize dessins à la plume; le mauvais riche dans l'enfer et voyant Lazare dans le sein d'Abraham; grande composition à la plume.

472. — Dix-neuf dessins dont une tête d'étude au pastel.

473. — Six dessins, paysages, dont deux par Gaspar

Vanvitelli, à la plume et coloriés; paysage à la mine de plomb, par Genoels.

474. — Tête du Guide, évêque; Fabricio Santa Fede, martyre de saintes, dessin à la plume; figures et ornement de Perino del Vaga; quatre autres jolis petits dessins, histoire de sainte et un aigle, d'un beau caractère.

475. — Dix-sept dessins dont une tête de Lebrun.

476. — Quatorze dessins divers dont un à la plume par Dominiquin.

477. — Quatre dessins : Bronzino. Religieux en adoration devant la Vierge et l'Enfant-Jésus entouré d'anges, précieux petit dessin à la plume et lavé. Tintoret. Sainte-Famille et saint Jean-Baptiste; belle tête d'un saint par le Guide à la sanguine; la charité romaine d'après Primatice.

479. — BANDINELLI (Baccio). Deux génies ailés, études à la plume; deux têtes études à la plume et lavées. Piétro Teste, femme et enfant, quatre dessins; têtes d'animaux, attribuées à Vandevelde; les forgerons, par Cobel; marche d'animaux, par Vanderdoën, et paysage et montagne, attribué à Boissieu.

480. — Trois petits précieux dessins, dont un par Benevenutto Cellini; ornements et composition. (Cabinet Denon.) Caricature dans la manière de Léonard, et un dessin d'une plume légère.

481. — Signé D. K. Rendez-vous de chasse, dessin à la plume et lavé; vue d'un canal de Venise, dessin à la sanguine, par Canaletti Campagnole, paysage à la plume; étude d'arbres, par Annibal Carrache.

482. — Six dessins : deux par Perin del Vaga, frise et composition; Jésus, saint Pierre et saint Paul, dessin à la plume, par Pordeuone-le-Vieux, rare; Vierge et

Enfant-Jésus, école du Guide, et deux études par Lésueur.

483. — Sept dessins, dont trois par Martin Hemskerk ; Joseph expliquant le songe à Pharaon ; l'adoration du veau d'or ; la cène, et, par Holbein, sacrifice de Melchisedech.

484. — Seize dessins, dont un sujet de deux papes, école romaine.

485. — Onze dessins divers, dont un le portement de croix par Salimbeni, et la visitation par Michel Corneil, et autres.

486. — Dix-neuf dessins divers, dont un religieux, par Goltius.

487. — Quinze dessins divers, dont un par Norblin.

488. — Vingt-et-un petits dessins, dont un colorié, sujet de la guérison d'une reine par un saint.

489. — Dix dessins, dont quatre Tiepolo ; caricatures et composition ; Poméraneio, étude.

490. — Quatorze dessins nouveaux, dont un par Herman d'Italie ; paysage et aquéduc ; Jésus au jardin des Oliviers, par Rothnamer, d'après T. Zucchero.

491. — NAPOLITAIN (Philippe). Trois jolis petits dessins ; bataille à la plume et sur une feuille.

492. — Cinq dessins : la statue de saint François visité par un pape ; dessin à la plume par Donato Créti. (Cabinet Denon.) Double ; paysage pastoral, par F. Neefs ; dessin à la plume et lavé ; la Vierge, l'Enfant-Jésus et les anges, école des Carraches, et croquis à la plume, de Boissieu.

493. — COYPEL (A.). L'entrée à Jérusalem et Jésus prêchant devant la Vierge ; deux grisailles bien rendues.

494. — Huit dessins, par des maîtres allemands et flamands ; portrait de Vandyck, contre-épreuve ; personnages grotesques, dessins à la plume et datés de 1525 ; tête d'homme de Martin Schoun.

495. — VANTROU. La femme adultère, dessin au lavis et de l'école de Rembrandt ; joli dessin à effet ; les paysans hollandais par A. Both.

496. — ROTHNAMER. Concert d'anges, dessin de forme cintrée et colorié ; l'assomption, dessin à la sanguine, par Sandrart, historien ; le jugement de Pâris, autre dessin à la plume et lavé, par Rothnamer.

497. — Trois dessins, étude par Vantulden ; la tentation de saint Antoine, par Jean Lys, dessin à la plume et lavé. L'adoration des bergers, dessin capital à la plume et très-bien lavé, par Rothnamer.

498. — Trois dessins, un par Martin Devos ; Jérémie descendu dans une citerne par ordre du roi ; dessin bien composé, capital en figures, d'une plume fine et légèrement lavé ; le sacrifice d'Élie, autre dessin par le même ; adoration des mages, joli dessin à la plume.

499. — RUBENS. Fragment à la pierre noire, d'après le saint Roch d'Annibal Carrache ; saint André devant la croix, dessin à la plume, école flamande ; l'adoration des mages, joli dessin de l'école de Rubens.

500. — VANDYCK (A.). La Charité, dessin à la pierre noire ; martyre de saint Jacques ; dessin arrêté et au pinceau ; Ecce homo, croquis à la plume et lavé.

501. — REMBRANDT (École de). Le sujet de la reine Thomiris ; dessin au pinceau, vigoureusement lavé et d'un grand effet.

502. — VANDERKABEL. Sept petits précieux des

sins à la plume et lavés à l'indigo, offrant des paysages, figures et monuments.

5o3. — STRADA. Allégorie à différents royaumes, dessin capital de ce maître ; il est à la plume et rehaussé. D. Piola, trois solitaires, dessin à la plume et lavé.

5o4. — Quatre dessins : étude des travaux d'Hercule ; martyre de sainte Agathe, par Diepembelck ; sainte Agnès par le même, et petit dessin de l'école de Rubens.

5o5. — Cinq dessins, dont un par Pandolfi ; études de jolies têtes ; étude de L. Spada et autres.

5o6. — Six dessins dont un sujet de martyre par P. Véronèse.

5o7. — Musiciens dans un bosquet, dessin lavé et colorié par Watteau ; deux portraits, dont un école de P. Véronèze.

5o8. — Dix petits dessins sur une feuille ; sacrifice de druïdes, par J. Jordan et à la plume ; deux têtes, dont une par C. Widcher.

5o9. — Dix dessins divers, dont un à la sanguine, supplice de Marsyas ; Judith et Holopherne, dessin à la plume, par C. Marate, et un dessin de l'école florentine ; plus un sujet romain, dessin à la sanguine, par Poussin.

51o. — Sept dessins divers : enfant par le Guerchin ; paysage par Pérignon ; hommes endormis, par Annibal Carrache.

511. — Cinq dessins : adoration du saint sacrement par les mages, et sacrifice d'Abraham, par P. Testa, deux dessins à la plume et autres de l'école italienne.

512. — RUBENS (École de). Saint François arrêtant la colère du Christ, dessin au crayon noir et re-

haussé de blanc ; le baptême de N.-S., dessin par le
Tintoret.

513. — Cinq dessins, savoir : Moïse enseignant le
Décalogue, école de Cortonne ; la Vierge immaculée,
grande composition à la plume par Baciccio ; un orage,
par Dietricy ; copie d'après C. Marate ; allégorie à la
Mort. (Cabinet Mariette et Denon.)

514. — Trois grands dessins ; place publique et figures
par Branier ; chasse aux taureaux, école de Goltius ;
statue équestre accompagnée de figures, attribué à Lafage.

515. — Quatre dessins, dont un par Parocel ; soldats
au crayon rouge ; trois figures, école française ; Moïse
sauvé des eaux, même école, et l'assomption, école de
Rubens.

516. — L'adoration des bergers, grisaille capitale et
peinte par F. Boucher, et saint Paul à Listre, dessin
pour le tableau de Notre-Dame.

517. — Sept dessins de l'école romaine ; décolation
de saint Jean-Baptiste, par Picchi (George) ; Tancrède
et Clorinde et autres.

518. — Quatre dessins ; Sainte-Famille, dessin à la
sanguine et rehaussé de blanc, par Biscaïno ; études
d'hommes, par Calabrese ; la charité romaine, sanguine ; dessin fini.

519. — Six dessins dont études à la plume, par
N. Poussin ; un paysage à la plume, école de Bologne ;
et trois figures, par Tintoret.

520. — Sept autres dessins ; étude à la plume, par
Passaroti ; saint Martin, par Palme (le Vieux) ; saint
Prosper de Label, et autres.

521. — Huit dessins, par Palme (le Jeune) ; la crê-

she; Job sur le fumier, par Lairesse ; croquis à la plume
et lavé, par Poussin ; Vierge et Enfant-Jésus, école de
Bologne ; et par Corneille (Michel), l'Enfant-Jésus adoré
par des anges, dessin à la plume.

522. — Sept dessins, par Romonelli ; saint Paul à
Listre, par Ciro Feri ; saint Jérôme, par Corneille (Michel) ; saint Mathieu, par M. Devos.

523. — Huit dessins dont triomphe de Clélia, par Perino del Vaga ; l'Assomption, joli dessin, par Dieu (Antoine), et autres.

524. — Huit autres dessins divers.

525. — Huit autres dessins, par Wilé et autres.

526. — Quatre dessins ; repos de guerriers, dessin à
la pierre noire, par S. Rosa ; Melpomène ; dessin par
Ligorio ; allégorie, par Solimène.

527. — Deux précieux dessins ; paysage et fabrique,
par Le Lorrain (Claude), dessin à la plume et lavé ; marine par Bacchuysen.

528. — Trois autres jolis dessins dont un légèrement
lavé, par Herman d'Italie.

529. — Deux jolis dessins ; la prédication de saint
Jean-Baptiste, par le Guide, et composition, dessin à
la sanguine, par Cantarini.

530. — Quatre dessins : étude double de l'école de
Raphael ; croquis de Polydore ; femme écrivant l'his-
toire, par Perino del Vaga, et sujet nautique, d'après
Polydore.

531. — Trois dessins ; procession de saint Denis, par
Stradano, dessin à la plume et bien lavé ; l'Ecce Homo,
dessin, par Strada (Vespasien), et la Charité entourée
de saints, école romaine.

532. —TITIEN. Paysage et animaux, contre-épreuve;
et masures de Boissieu, dessin au lavis.

533. — Trois dessins, paysage, par Brengle; dessin
à la plume et lavé; paysage à la plume, par Perelle, le
père; et un paysage inconnu. (Cabinet Denon.)

534. — Deux dessins; paysage à la plume et colorié,
beau dessin de Brenghel; paysage forêt, par Quériux.

535. — RAYMOND DE LA FAGE. Un des jolis dessins de ce maître, sujet de l'enlèvement d'Europe; à la
plume et lavé; et une parodie d'Enée, par Boitard.

536. — Six dessins : deux triomphes, par J. Udine;
combat, par F. Penni; sujet de la fable, dessin à la
plume et rehaussé de blanc; combat d'amazone; dessin
par Perino del Vaga, à la plume et au bistre, rehaussé
de blanc; la naissance de la Vierge, école florentine.

537. — Sept dessins dont un paysage à la plume, par
P. Bril; une autre chasse au cerf de l'école-flamande,
coloriée, et un dessin de Callot.

538. — Quatre dessins, dont le repas sous la treille,
par Callot; et trois jolis paysages.

539. — Trois dessins; ornements et composition,
par Perino del Vaga; deux jolies têtes aux crayons; et
un dessin, par La Fage.

540. — Gloire de la Vierge, beau dessin, par Maratti (Carle); études d'aigles et dragon; école de Romain (Jules), à la plume et au bistre.

541. — Deux dessins, par N. Poussin; Appelle parmi ses disciples, et scènes de guerriers, dessin à la
plume et lavés.

542. — LESUEUR. Le sacrifice à la Justice et Apollon et les Muses; deux dessins à la plume et au lavis.

543. — SPADA (Leonello). La Vierge au rosaire,

belle composition à la plume et au bistre, dessin rare;
le Christ mort, dessin à la sanguine, par Le Dominiquin.

544. — F. BARROCHE. L'histoire d'une sainte;
dessin au crayon noir, et le martyre de saint Etienne,
par le cavalier d'Arpino.

545. — La mort de saint Benoist, dessin au lavis re-
haussé et dans la manière de Carrache (Louis); saint
Pierre guérissant l'estropié à la porte du temple, par
Cantarini (Simon).

546. — RAYMOND DE LA FAGE. La descente de
croix, belle composition et d'une plume très-énergique;
Jésus parmi les docteurs, manière de Lesuéur.

547. — Trois dessins : l'enlèvement d'Europe, dessin
à la plume, par Lafage; Vénus sur les ondes, dessin très-
fin, par le même; et ornements.

548. — La naissance de la Vierge, par Pasinelli (Lorenzo), dessin à la plume et au bistre; étude de prophète,
par Zucchero; saint Jean-Baptiste, dessin à la plume, par
Pesareze.

549. — Deux dessins : paysage à la plume et lavé,
par Dominiquin; et marine par Zeeman.

550. — Deux dessins; repos en Egypte, dessin à la
plume, par P. Véronèse; et l'ange parlant à Zaccha-
rie, par Moretto de Brescia.

551. — GUERCHIN. Deux dessins, paysages et figures à la plume.

552. — CARAVAGE (Polydore de). Grande étude,
dessin d'après l'antique.

553. — Dessin sur une feuille, compositions et figures, dessin fini, par Callot, et deux autres dessins,
par Le Napolitain.

554. — Trois dessins par Candide (Pietro) ; Vierge et Enfant–Jésus et saint Jean–Baptiste ; présentation au temple, par Palme (le Jeune), et autres.

555. — Daphné changée en laurier, et figures allégoriques ; trois dessins à la plume, par Le Parmesan.

556. — Deux dessins ; Polyphème, beau dessin à la plume et lavé au bistre, un des beaux croquis d'Annibal Carrache, étude de la galerie Farnèse ; les vierges sages et les vierges folles, par l'un des Carraches.

557. — Cinq dessins, dont un sujet de saint Paul aveugle, conduit chez Ananie, école espagnole, à la plume et au bistre ; le Christ mort, par Ribera ; et une jolie tête d'ange aux trois crayons ; et une gloire par Solimene.

558. — Quatre dessins : Adam et Eve, par Romain (Jules) ; la Vierge et l'Enfant–Jésus, par Le Parmesan ; sphinx, par Romain (Jules) ; et enfant et cheval marin, école de Polydore.

559. — Trois jolis dessins : jeune laveuse, par le Parmesan, dessin à la plume ; la Vierge et l'Enfant–Jésus, par le même, et Mutius Scœvola, dessin par Périno del Vaga.

560. — Deux cardinaux, dessin au crayon rouge, par le Titien ; martyre d'une sainte devant l'idole ; joli dessin par Piètre de Cortone.

561. — Deux dessins, étude d'arbre, par Claude le Lorrain, petit dessin à la plume ; paysage sous une voûte, et figures, par Herman d'Italie.

562. — Deux dessins, par Titien ; Jésus donnant les clés à saint Pierre, et une œuvre de miséricorde, dessin à la plume et lavé. (Cabinet Denon.)

563. — PALME (le Vieux). Jésus, après sa résur-

rection , délivre les âmes des saints pères, dessin capital, à la plume, lavé et rehaussé de blanc.

564. — Par un des anciens et premiers maîtres de l'école florentine, sujet de piété, dessin double et à la plume, très-capital.

565. — POUSSIN (Gouaspres). Cascades de Tivoli, dessin à la plume et à l'indigo ; paysage à la sanguine et paysage composé par le même ; joli dessin à la plume et lavé.

566. — CARRACHE (Annibal). Beau paysage à la plume avec barque et figures , bien conservé ; paysage à la plume, par Gobbo dei Carraci.

567. — GUERCHIN. Deux paysages, l'un à la plume , l'autre au crayon.

568. — SOLARIO (Andréa). La Vierge et saint Augustin, avec deux saintes, très-joli dessin à la pierre noire et au crayon rouge ; saint Paul , figure par Mathurino; dessin à la plume et lavé.

569. — GUERCHIN. Paysage à la plume et à effet.

570. — POUSSIN (Nicolas). Croquis à la plume, et saint Michel qui pèse les âmes , dessin à la plume.

571. — TIBALDI (Pellegrino). Ésope faisant trouver un trésor à son maître ; dessin capital à la plume, au bistre et rehaussé de blanc.

572. — La présentation au temple , dessin précieux et de l'école vénitienne ; il est à la plume et bien lavé.

573. — TITIEN. Paysage d'une plume fine et de la plus belle manière ; autre paysage composé et par Claude le Lorrain.

574. — CIGOLI. Grande composition de forme cintrée, à la plume et lavée à l'indigo, dessin d'un bel effet ;

Pellegrino Tibaldi, deux figures d'ornement, dessin à la sanguine.

575. — CORRÈGE. Femme endormie, dessin au crayon rouge.

576. — CALVA (Cesare-Bazzi). Trois dessins à la plume, dans le genre de Callot.

577. — Ulysse recevant les vents d'Éole, dessin du Primatice, à la plume et lavé ; triomphe de Bacchus, dessin à la plume de Batista Franco et de la plus belle plume.

578. — TIBALDI (Pellegrino). Figure d'homme, au crayon rouge, et figure d'homme drapé, dessin au crayon rouge, par Andrea del Sarte, dessin double.

579. — DELLABATE (Nicolò). Six dessins, figures d'études, sujets de concert ; dessin de l'école de Fontainebleau.

580. — GUERCHIN. Grand paysage et figures, dessin d'un grand effet.

581. — Huit dessins : ascension, école de Bologne ; adoration des bergers, école romaine, dessin à la plume et au bistre ; sujet de saint Antoine de Padoue, par Tiépolo.

582. — POUSSIN (Nicolas). Saint Jérôme, saint Roch, saint Thomas, sainte Cécile et saint Augustin devant la Vierge, dessin à la plume et lavé au bistre ; deux autres dessins mêmes sujets et variés ; trois beaux dessins.

583. — POUSSIN (Nicolas). Grande et belle figure de Flore, dessin arrêté et au bistre et de sa belle manière de faire ; Agar chassé par Abraham, autre dessin savant et lavé au bistre.

584. — LAFAGE (R.) La piscine, dessin capital à la

plume et lavé ; ambassadeurs persans massacrés par les Grecs, dessin à la plume et à l'encre de Chine.

585. — MOLA. Le buisson ardent, dessin à la plume et au bistre, et parfaitement rendu ; l'adoration des bergers, par Spicart.

586. — POUSSIN (D'après N.) Scène du déluge.

587. — TINTORET. Saint Roch opérant la guérison, dessin à la plume et lavé. Pordenone-le-Jeune, le frappement du rocher, dessin au crayon noir et très-arrêté.

588. — ZELOTTI. Concert, dessin à la pierre noire. Paul Véronèse, l'adoration des mages, croquis plein de sentiment, et le même sujet à la plume et lavé.

589. — SCHWARTZ. La reine de Sabat devant Salomon, dessin à la plume et au lavis ; la flagellation, dessin de Palme-le-Vieux ; il est à la plume et rehaussé.

590. — BASSANO (Francesco). Le portement de croix, beau et rare dessin à la plume et bistré. Schiavone : saint François et saint Dominique devant un pontife, dessin à la plume et au bistre.

591. — Le centenier devant Jésus-Christ, dessin d'une forte couleur, par Tintoret, et le frappement du rocher, joli dessin, par le même.

592. — FARINATI (Paolo). La Vierge et l'Enfant-Jésus dans une gloire, dessin à la plume, lavé et rehaussé de blanc ; l'assomption, la mort et le couronnement de la Vierge, dessin à la plume et bistré, par Palme jeune.

593. — NEBIA (Cesare). Bataille ; Archimède, dessins à la plume et de J. Mutian, dans la manière de Titien.

594. — Chute du fils de Caro, empereur, dessin à la plume et au bistre, dans la manière de Batista Franco.

595. — Iele enfonçant le clou dans la tête de Sizara, dessin au lavis, par Paris Bordone ; Cléopâtre se faisant piquer de l'aspic, dessin d'un beau caractère, à la plume et rehaussé de blanc par Farinati.

596. — TINTORET. Saint Christophe, dessin à la plume et lavé ; et allégorie, composition à la plume et légèrement lavée.

597. — VÉRONÈSE (Alexandre). Christ soutenu par les anges, beau dessin à la plume, lavé et rehaussé de blanc. Tiepolo Père, une magicienne, et saint Christophe, dessin à la pierre noire.

598. — BASSANO (J.). Fragment du Calvaire et l'adoration des bergers ; et le portement de croix, par le Schiavone.

599. — Huit dessins de l'école hollandaise, dont le Benedicite, dessin au crayon rouge, et un intérieur de cuisine, école d'Ostade.

600. — VANNIUS (Francesco). Un saint porté par des anges, petit dessin à la plume, au bistre et d'un effét magique. Etude par Zuchero.

601. — Deux dessins, allégorie à la Force et à la Victoire, figure entourée d'attributs ; dessin à la plume et rehaussé de blanc, par Cavaliere Pomerancio ; et un autre sujet d'Esther dans le palais d'Assuérus, école florentine.

602. — L'adoration des bergers, dessin à la plume et lavé au bistre, par F. Zucchéro ; l'ange et Tobie, dessin aux trois crayons, par le cavalier d'Arpino.

603. — L'adoration des mages, dessin d'un grand fini, aux crayons rouge et noir, par le cavalier d'Arpino ;

5*

l'assomption de la Vierge, dessin à la plume, au bistre et rehaussé de blanc, par Vanni; et le sacrifice de la messe, dessin à la plume, par Domenico Cresti da Passiguano.

604.—Trois dessins, tête de vierge, dessin au crayon noir et rehaussé de blanc, par F. Barroche; repos de la Sainte-Famille, par le cavalier Bernin; deux saints, par Pomerancio, à la plume et rehaussé de blanc.

605. — Tentation de saint Antoine, dessin à la sanguine, par Augustin Carrache; et le cauchemar d'un enfant, par le Guerchin, très-joli dessin à la plume et au lavis.

606. — Vision de sainte Thérèse, dessin à la plume et légèrement lavé, par Vanni de Sienne; choc de cavalerie, dessin à la plume, au lavis et rehaussé de blanc. Feuille dessinée au revers; saint Pierre à la porte du temple et guérissant l'estropié. La Force caractérisée par une figure de femme, dessin au crayon noir; ces deux dessins par le cavalier d'Arpino.

607. — Tête de vierge, dessin, par F. Barroche; miracle de saint Marcel, dessin à la plume et au lavis, par Baglione; deux figures, dessin à la plume et rehaussé de blanc, par Tadeo Zucchero; David tuant Goliath, dessin aux trois crayons, par le cavalier d'Arpino.

608. — TITIEN (Attribué au). L'adoration des bergers, belle composition, à la plume et lavée au bistre.

609. — Trois dessins : la Vierge et l'Enfant-Jésus, école vénitienne; Diane et les nymphes sur un char, dessin à la plume et au lavis, école de Tintoret. Étude de paysage, attribuée au Poussin.

610. — Sept dessins, dont une étude , paysage, par Poussin ; études d'après l'antique, dessin à la plume et lavé ; école de Fontainebleau.

611. — La résurrection, joli dessin à la plume et au bistre , par le Pontorme (Cabinet Mariette) ; la mort d'Abraham, dessin légèrement indiqué et de l'école romaine (cabinet Denon) ; et une figure de pendentif.

612. — CARRACHE (Annibal). La Vierge et l'Enfant-Jésus, joli dessin à la plume, lavé et rehaussé de blanc.

613. — VANDYCK (Antoine). Jésus dans les bras de son père, et entouré d'anges, au bas sont la Vierge , saint Charles et saint François ; dessin à la plume, au bistre et rehaussé de blanc.

614. — VASARI. Jésus délivrant les clés à saint Pierre, fort beau dessin à la plume et au lavis ; Jésus sur les genoux de sa mère, dessin à la plume et bistré , par le Parmesan. (Cabinet Denon.)

615. — Tête de guerrier, par Baltazar Peruzzi, dessin à la plume ; la présentation au temple, précieux petit dessin de l'école florentine ; et Jésus au jardin des Olives, par T. Zucchero.

616. — CARRACHE (Annibal). Beau paysage à la plume et très-soigné ; il est orné de fabriques.

617. — Le baptême de Jésus-Christ, par Carle Maratte ; dessin à la plume du grand tableau peint pour l'église Saint-Pierre à Rome ; et Quint. Curce descendant dans le gouffre, grand dessin à la plume et lavé , dans la manière de Zucchero.

618. — Cinq dessins, par Nicole, Corneille, Dussart et autres.

618 *bis.* — SALVIATI. Grand dessin capital, à la pierre uoire ; il représente le Parnasse.

619. — Trois jolis dessins, dont un du milieu est saint André, figure en pied, par Maturino ; deux autres dessins, la Foi et la Force, par T. Zucchero, dessin à la plume et au lavis.

620. — GUIDE (Le). Sainte-Famille, un évêque et un donataire, joli dessin à la plume, et lavé à l'indigo.

621. — BECCAFUMO (Micarino). Le frappement du rocher, grand dessin à la plume et lavé au bistre ; un sujet des quatre tableaux qu'il a exécutés dans la cathédrale de Sienne, et regardés comme ses chefs-d'œuvre.

622. — Quatre dessins, dont une étude de Rubens, et une contre-épreuve de Berghem.

TABLEAUX.

---

623. — Saint Jérôme, saint Antoine devant saint Pierre, esquisse peinte en grisaille, par Antoine Vandyck.

624. — Jésus devant Pilate, petit tableau sur cuivre et de l'école vénitienne.

625. — SCHIDONE. Le Christ étendu mort, et pleuré par les anges.

626. — ROTHNAMER. Le Christ au jardin des Oliviers, trois apôtres endormis.

627. — CANALETTI. La vue d'une église sur une place publique de Venise, avec quelques figures.

628. — Deux petits paysages, attribués à Bout et Baudoin.

629. — Quelques autres tableaux qui seront détaillés sous ce numéro.

ESTAMPES EN FEUILLES.

---

630. — Dix estampes, d'après les Carrache, Baroche, Benedette et Primatice.

631. — Dix autres, par et d'après C. Procacini, Bourguignon, le Guide, G. Sadler le Carrache et Buonazone.

632. — Six pièces originales, par Nevea Lafage, Bourguignon.

633. — Trois pièces originales, par Batista Franco, le frappement du rocher, première épreuve, et deux autres.

634. — Cinq pièces, dont la flagellation, d'après d'Arpino, avant l'arme.

635. — Dix-huit pièces, par et d'après Salvator, Tempesta et autres.

636. — Le sacrifice d'Abraham, par Micarino Beccafumo et la copie.

637. — Douze pièces qui composent les héros romains, par Goltius.

FIN.